Ludwig Hahn

Persönlichkeitstypen

erkennen verstehen begegnen

mehr Sicherheit im Umgang mit Menschen

mit zahlreichen Abbildungen

Bibliografische Information der Deutschen Bibliothek:

Die Deutsche Bibliothek verzeichnet diese Publikation in der Deutschen Nationalbibliografie; detaillierte bibliografische Daten sind im Internet über <htp://www.dnb.ddb.de> abrufbar.

Herstellung und Verlag:
Books on Demand GmbH, Norderstedt
Umschlag: Barbara Schierl

ISBN-10: 3-8334-6972-2
ISBN-13: 978-3-8334-6972-5

Inhaltsverzeichnis

Danksagung

Viele Mitmenschen haben zur Entstehung dieses Buches beigetragen, teils direkt, teils indirekt. Ihnen allen sei an dieser Stelle von Herzen gedankt. Die Beiträge und Hilfeleistungen waren äußerst vielfältig und sollen hier nicht weiter unterschieden werden, denn alles war wichtig. Deshalb erscheinen alle in alphabetischer Reihenfolge:

Rosmarie Adlfinger, Karin Alwang, Veronika Blank, Marie-Luise Bickes, Michael Bierschneider, Carolin Braun, Oliver Daller, Anne Donath, Ismail Ertug, Inge Faes, Barbara Fastner, Helmut Gatzhammer, Andreas Gineiger, Georg Götz, Christa Hahn, Lisa und Mira Hahn, Rolf Hahn, Jürgen Heckel, Helmut Himmler, Josef Hierl, Stefan Höfner, Margitta Kahl, Daniela Keller, Gudrun Krug, Martin Kubetz, Lidwina Lutz, Fritz Meck, Stephan Oettl, Andrea Pröpster, Florian Pronold, André Radszun, Familie Rostan, Christian Scherer, Barbara Schierl, Martin Schlierf, Andrea Schmid, Maria Stöckl, Christopher Waffler, Rosa Weidinger, Ludwig Wittmann, Andrea und Johann Zöllner

Zwei Personen allerdings haben sich für dieses Buchprojekt in außergewöhnlicher Weise engagiert: Günter Schneeberger hat zum Inhalt sehr viele wertvolle Informationen geliefert und sich sehr viel Zeit für Fachdiskussionen genommen.

Martha Schlierf-Hahn hat das Projekt vom ersten bis zum letzten Tag kreativ, kritisch und aktiv begleitet. Sie hat wie niemand sonst dazu beigetragen, dass es schließlich ein gutes Ende genommen hat.

Ihnen beiden gebührt ein ganz besonderer Dank.

Sollte ich jemand vergessen haben, dann täte es mir sehr leid.

Vorwort

Ich habe immer gefunden, die so genannten guten Menschen verlieren bei näherem Hinsehen und die schlechten gewinnen.
(Immanuel Kant)

Dies ist ein Buch für Menschen, die Menschen mögen.
Das Leitmotiv ist ein über 200 Jahre altes Zitat, das eine Jahrtausende alte Erkenntnis treffend wiedergibt: Was unsere Mitmenschen tun oder lassen, lässt sich in den seltensten Fällen als gut oder schlecht, als richtig oder falsch beurteilen. Man kann Wesenszüge von Menschen nicht werten. Wo es Probleme zwischen Menschen gibt, da ist meistens keine „Schlechtigkeit“ im Spiel. Und viele solche Schwierigkeiten lassen sich mit etwas Sympathie[1] leicht vermeiden oder lösen.

Denn ein gutes Miteinander kommt vor allem dann zustande, wenn Menschen sich in andere Menschen hineinfühlen und sie ernst nehmen. Wer dazu bereit ist, dem kann dieses Buch dabei helfen, sich und anderen das Leben etwas leichter, angenehmer und erfolgreicher zu machen. Wer dazu nicht bereit ist, legt es lieber jetzt gleich wieder weg - oder verschenkt es am besten noch heute.

Dies ist kein wissenschaftliches Buch.
Menschen lassen sich nicht mathematisch exakt berechnen. Auch sollten wir gar nicht erst versuchen, unsere Mitmenschen wissenschaftlich zu analysieren. Das System der Persönlichkeitstypen beruht auf Beobachtung, Erfahrung und Gefühl. Das Verhalten von Menschen wird damit in praktischer Weise beschreibbar und erfassbar, ohne dass dies alles im engeren Sinn „beweisbar“ wäre. An manchen Stellen wird trotzdem Bezug auf psychologische Fachliteratur genommen. Aber das geschieht in sehr allgemeiner Form und dient nur dem Nachweis, dass die Aussagen dieses Buches nicht im Widerspruch

[1] Übersetzt bedeutet Sympathie in etwa „Gefühls-Gleichklang“.

zur gängigen Lehrmeinung stehen. Niemand möge an diesen Stellen nach unscharf formulierten Feinheiten suchen.

Dieses Buch lehrt nicht, wie man sich Menschen gefügig macht.
Natürlich müssen wir nach Erfolg streben. Aber das geht am besten mit fairen Methoden. Wenn wir für andere angenehm und nützlich sind, dann werden sie gern mit uns zu tun haben. Das gilt nicht nur für den privaten, persönlichen Bereich, sondern genauso für Ehrenamt und Geschäft. Wer seine Kunden als Menschen ernst nimmt, ihre Würde und ihre Gefühle achtet, wird auf Dauer nicht weniger Geschäft mit ihnen machen als ein Hochdruckverkäufer, wird sich dabei aber sehr viel besser fühlen.

Dies ist nicht das Hirngespinst eines naiven Träumers, sondern die Erfahrung aus 20 Jahren an der „Kundenfront". Sie wird von aufgeklärten Verkaufsprofis und vielen anderen geteilt, die ihren (teils recht üppigen) Lebensunterhalt durch den Umgang mit Menschen verdienen.

Dies ist ein Buch für den täglichen Gebrauch.
Niemand möge hier nach Spezialanleitungen für Sonderfälle suchen. Die meisten Dinge im Leben unterbleiben oder misslingen, weil wir Grundlegendes missachten oder einfach nicht wissen. Deshalb werden hier vor allem grundlegende Dinge behandelt. Nichts davon ist wirklich neu[2]. Es soll vielmehr das Wichtige, das man über den Umgang mit Menschen wissen sollte, so klar und verständlich wie möglich dargestellt werden, damit es möglichst vielen Menschen in ihrem Alltag wirksam weiterhilft.

---

[2] Das System der Persönlichkeitstypen geht zurück bis in die Antike zu den Ärzten Hippokrates und Galen. Sie sind die ältesten Quellen für die Lehre von den vier Temperamenten Choleriker, Sanguiniker, Melancholiker und Phlegmatiker. Sie entsprechen in etwa den Persönlichkeitstypen dieses Buches.

Jeder Mensch ist einzigartig.
Und so soll es bleiben. Deshalb enthält dieses Buch keinerlei Anleitungen zur Persönlichkeitsveränderung. Denn niemand soll glauben, man könne sich und sein Wesen verändern oder gar regelrecht umkrempeln. Jeder Versuch, sich oder andere zu verändern, erfordert immense Anstrengungen und führt in aller Regel zu keiner nachweislichen Verbesserung. Wer sich verleugnet, schwächt sich[3]. Wir sollten unserem Schicksal dankbar dafür sein, dass wir in einer Gesellschaft leben, in der wir sein dürfen, wie wir sind! Allerdings können wir lernen, uns und andere besser zu verstehen und besser mit uns und den anderen umzugehen.

Auch der Autor dieses Buches mag Menschen.
Deshalb ist es so geschrieben, dass es jeder normale Mensch versteht, der sich für das Thema interessiert. Es erklärt möglichst gut verständlich die wirklich wichtigen Dinge. Deshalb verzichtet es auf alle überflüssigen Fremdwörter, Schachtelsätze und sonstiges Imponiergehabe. Die Geschichten, die als Beispiele angeführt werden, sind ausnahmslos wahr. Entweder war ich selbst dabei oder sie stammen von verlässlichen Zeugen, die direkt dabei waren, oder sie sind aus den Medien gut bekannt. Sie sind damit besonders aussagekräftig. Die Beispiele aus meinem persönlichen Umfeld sind lediglich aus Rücksicht auf die beteiligten Personen teilweise verfremdet, damit sie keine Rückschlüsse auf die Identität dieser Personen mehr zulassen.

Die Fotos sind in der Regel spontan entstandene Schnappschüsse oder Standbilder aus Videos. Damit sind auch sie besonders aussagekräftig. Dass unter diesen Bedingungen die technische Qualität begrenzt ist, versteht sich von selbst. Soweit irgend möglich, wurden die dargestellten Personen be-

---

[3] Wer zweifelt, lese das sehr aufschlussreiche Buch „die glückslüge – vom glauben an die machbarkeit des lebens“ von Michael Mary, Lübbe Verlag, ISBN 3-7857-2141-2

fragt und haben bestätigt, dass die Anmerkungen zu den Bildern korrekt sind. Wenn Bilder gestellt sind, wird ausdrücklich darauf hingewiesen.

Die Sammlung an Zitaten, Bildern und anderen Beispielen scheint nicht zufällig, sie ist es. Denn so wie auch das Leben selbst meist keine systematischen Recherchen über die Personen zulässt, mit denen man es zu tun bekommt, so ist auch in dieses Buch das Material eingegangen, das sich mehr oder weniger von selbst anbot.

In diesem Buch wird abwechselnd von Menschen (männlich), Personen (weiblich), Persönlichkeiten (auch weiblich) und Persönlichkeitstypen (männlich) die Rede sein. Damit fühlen sich hoffentlich Leserinnen und Leser gleichermaßen berücksichtigt und angesprochen. Das System der Persönlichkeitstypen an sich unterscheidet nicht zwischen männlichen und weiblichen Verhaltensweisen und Wesenszügen.

Aktuelle Informationen zum Thema und zum Buch gibt es im Internet unter www.persoenlichkeitstypen.de.

Ich wünsche allen Leserinnen und Lesern, dass sie in diesem Buch das eine oder andere finden mögen, das ihnen und ihren Mitmenschen das Leben leichter, angenehmer und erfolgreicher macht.

Seubersdorf in der Oberpfalz, im Dezember 2006

Ludwig Hahn

Teil 1 – Erkennen und verstehen

Unterschiedliche Wirklichkeiten

Was ist der Unterschied zwischen Wahrheit und Wirklichkeit? Diese scheinbare Spitzfindigkeit ist von grundlegender Bedeutung für das Verständnis menschlichen Handelns. Die Wörter selbst sagen es aus:

Die Wahrheit ist wahr,
die Wirklichkeit wirkt.

Damit ist gemeint: Die Wahrheit ist für alle gleich, beispielsweise: „Die Abbildung stellt eine Katze dar“ (Bild unten). Kaum jemand würde dies ernsthaft bestreiten.

Die Wirklichkeit ist dagegen vorwiegend individuell. Sie ist das, was unser persönliches

Fühlen, Denken
und Handeln

bestimmt. Eine Katze kann in der Wirklichkeit eines Allergikers ausgesprochen gefährlich sein. In der eines Kindes ist sie vielleicht ein willkommener Kuschelpartner, für einen Jäger eher ein lästiger Konkurrent[4].

---

[4] Das Thema „Wirklichkeit“ hat vor allem der große Psychologe Paul Watzlawick ausführlich behandelt, z.B. in seinem Buch „Wie wirklich ist die Wirklichkeit?“

In jedem löst sie damit andere

- **Gefühle** (Angst, Zuneigung, Ärger),
- **Gedanken** („ich muss hier weg", „die will ich haben", „die muss hier weg")
- und **Handlungen** (Flucht, Annäherung, Verfolgung) aus.

In ähnlicher Weise ist das Fühlen, Denken und Handeln der verschiedenen Persönlichkeitstypen durch zwei grundlegende Faktoren bestimmt: Die Sicht auf die eigene Person und die Sicht auf die anderen.

Die Sicht auf die eigene Person
Wir wissen, dass unterschiedliche Menschen über ein unterschiedlich großes Selbstvertrauen verfügen. Es sind fast immer die gleichen, die in der Gesellschaft das große Wort führen und fast immer die gleichen anderen, die sich zurück halten. Die Wirklichkeit der „Lautsprecher" lautet: *„Du bist gut, du bist wichtig, du gehörst in die erste Reihe!"*. Die Wirklichkeit der „Leisetreter" dagegen: *„Sei vorsichtig, nimm den Mund nicht so voll, du könntest dich blamieren...!"*.

Die Sicht auf die andere Person
Was wir auch wissen: Es gibt Menschen, mit denen man ganz selbstverständlich über sehr persönliche Dinge reden kann. Über Probleme, Ängste, Freuden, Familie, über Gefühle eben. Sie haben eine positive Sicht auf ihre Mitmenschen. Ihre Wirklichkeit sagt ihnen: *„der andere Mensch ist eine Bereicherung für dich, er ist es wert, dass du dich mit ihm beschäftigst!"*.

Andere hingegen winken sofort ab, verdrehen die Augen oder es ist ihnen peinlich, wenn wir sie etwas Persönliches fragen oder sie mit gefühlsbeladenen Themen konfrontieren wollen. Sie haben eine eher negative Sicht auf ihre Mitmenschen.

Ihre Wirklichkeit sagt ihnen: *„Andere Menschen sind immer ein Risiko, halte lieber Abstand!“.*

Die vier verschiedenen Wirklichkeitsmuster

Die Sicht auf die eigene und auf die andere Person können also jeweils (überwiegend) positiv oder (überwiegend) negativ sein. Daraus ergeben sich vier Basis-Wirklichkeiten, sie entsprechen den vier Persönlichkeits-Grundtypen. Diesen kann man etwa die Hälfte aller Menschen zuordnen. Die andere Hälfte sind Mischtypen, die sich unmittelbar aus den Grundtypen herleiten lassen (siehe dazu Seite 155 ff).

Im Folgenden wird die positive Sicht mit einem Pluszeichen dargestellt und die negative Sicht entsprechend mit einem Minuszeichen. Das Muster Ich + / Andere - bedeutet also z.B. positive Sicht auf die eigene und negative Sicht auf die andere Person.

Die Wirklichkeit Ich + / Andere - des kämpferischen Typs:

Wer sich selbst positiv sieht, wer sich also viel zutraut, der will auch in der ersten Reihe stehen, die Initiative ergreifen. Wenn ein solcher Mensch gleichzeitig anderen Menschen weniger zutraut als sich selbst, dann ist für ihn die logische Konsequenz, dass er die Dinge unter seine Kontrolle bringen muss. Sein typischer Wesenszug ist das Streben nach Macht und Kontrolle. Man trifft ihn besonders häufig in Berufen an, die kämpferische Fähigkeiten und Machtstreben erfordern, also z.B. im Management oder als Unternehmer.

Die Wirklichkeit Ich + / Andere + des offenen Typs:

Wer nicht nur sich selbst, sondern auch anderen eine Menge zutraut, der kommt zu der Überzeugung: „gemeinsam schaffen wir (fast) alles. Und wenn jemand nicht mitmachen mag, dann muss man ihn eben überzeugen.“ Der typische Wesenszug von offenen Menschen ist die Freude an der Kommunikation.

Sie arbeiten häufig in der Kundenbetreuung oder im Verkauf, sie sind in der Regel gute Lehrer oder Ausbilder.

Die Wirklichkeit Ich - / Andere + des ruhigen Typs:
Wer anderen Menschen eher mehr zutraut als sich selbst, für den ist eine gute, vertrauensvolle Beziehung besonders wichtig, sie gibt ihm Sicherheit. Deshalb ordnen ruhige Persönlichkeiten dieser Beziehung nahezu alles unter, sie sind die typischen treuen Freunde. Mit ihrem Sinn für Harmonie und ihrem einfühlsamen Wesen sind Ruhige gute Vermittler, z.B. als Betriebs- oder Personalräte. Sie mögen auch gern Aufgaben in Bereichen, die sich durch hohe Beständigkeit auszeichnen, nicht zuletzt in der Verwaltung.

Die Wirklichkeit Ich - / Andere - des gründlichen Typs:
Wer weder sich selbst noch anderen wirklich viel zutraut, der vertraut am liebsten auf Dinge, die weder er selbst noch andere ändern können. Dies sind vor allem Regeln, Zahlen und Fakten aller Art. Die Genauigkeit ist sein Leben, er ist häufig Ingenieur oder Buchhalter.

Diese vier unterschiedlichen Basis-Wirklichkeiten sind in einer ziemlich tiefen Schicht der Persönlichkeit verankert, sie lassen sich nicht einfach verändern oder ignorieren.

Die vier Basis-Wirklichkeiten

Im Folgenden werden jetzt die vier Persönlichkeitstypen näher beschrieben. Vorher muss aber eines nochmals klargestellt werden:

Menschen sind keine Maschinen und es ist nicht ihre Aufgabe, unseren Vorstellungen zu entsprechen!

Die Wesensmerkmale, die den verschiedenen Persönlichkeitstypen zugeschrieben werden, sind Tendenzen. Das bedeutet, dass sie beim jeweiligen Typ mit hoher Wahrscheinlichkeit auftreten. Aber zum einen ist dies nur wahrscheinlich und nicht sicher, zum anderen können Wesenszüge bei verschiedenen Personen des gleichen Typs immer noch unterschiedlich stark ausgeprägt sein. Als Richtgröße kann gelten: Sieben bis acht von zehn Merkmalen treffen meistens zu, manchmal auch mehr. Wenn auf eine Person weniger Merkmale zutreffen, handelt es sich um eine Misch- oder Mehrfachpersönlichkeit. Die Besonderheiten dazu werden im gleichnamigen Kapitel (Seite 155 ff) behandelt.

Anzeichen, an denen man Persönlichkeitstypen erkennt, sind immer nur Hinweise, niemals Beweise. Deswegen soll man immer auf die Breite der Wahrnehmung achten. Eine Beobachtung allein bedeutet noch nicht viel. Kommen mehrere zusammen, so erhöht sich die Aussagekraft. Vor allem dann, wenn die Hinweise aus unterschiedlichen Bereichen kommen. Und auch wenn Hinweise keine völlige Sicherheit bedeuten, ist es in jedem Fall besser, sein Verhalten an Hinweisen auszurichten als völlig unsystematisch zu handeln.

Wem ein Detail nicht sofort einleuchtet, der kann erst einmal einfach darüber hinweg lesen. Es ist nicht so wichtig, dass man alles sofort versteht. Vieles ergibt sich erst mit den

Beobachtungen, die man nach dem Lesen macht. Anhand der Beispiele wird jede/r Leser/in bereits einzelne Personen aus ihrem/seinem Umfeld wieder erkennen, die den beschriebenen Grundtypen entsprechen oder jedenfalls recht ähnlich sind.

Dass die Kapitel unterschiedlich lang sind, liegt in erster Linie daran, dass sich zwei Persönlichkeitstypen (Kämpfer und Offene) mehr in den Mittelpunkt stellen als die beiden anderen. Damit ist es einfach nötig, sich mehr mit ihnen zu beschäftigen, um nicht zu sehr von ihnen an die Wand gedrängt zu werden.

Die Tendenzen des kämpferischen Persönlichkeitstyps

Der Starke ist am mächtigsten allein
(Schiller, Wilhelm Tell)

Kämpfer sind sachbetonte Menschen und haben eine Tendenz zum Formalen. Ihr äußeres Erscheinungsbild ist in der Regel korrekt und gepflegt, das Ambiente meistens ordentlich, aufgeräumt und eher etwas kühl gehalten, oft dominieren Glas und Metall.

Bild: Die Küche einer Kämpfer-Persönlichkeit: gerade Linien, glatte Oberflächen, scharfe Kanten, schnörkellos, fast keine Dekoration.

Kämpfer stehen meistens unter **Anspannung**. Deshalb ist ihr Gesichtsausdruck oft etwas verkniffen und wenn sie lachen oder lächeln, dann wirkt es meistens nicht herzlich.

Der **Stimme** von Kämpfern fehlt meist der warme Klang, sie klingt oft etwas schneidend. Sie drückt ebenfalls Anspannung aus und wirkt (deshalb) unpersönlich.

Bild (nachgestellt): Diese oft bei Kämpfern zu beobachtende Handhaltung gilt als Hinweis auf Anspannung. Dass die Hände vor dem Körper gehalten werden, ist ein Hinweis auf das typische Bestreben von Kämpfern, die Dinge unter Kontrolle zu behalten, sie wollen immer das Handeln bestimmen.[5] Diese Haltung zeigen sie besonders oft, wenn sie (noch) nicht in Aktion treten können.

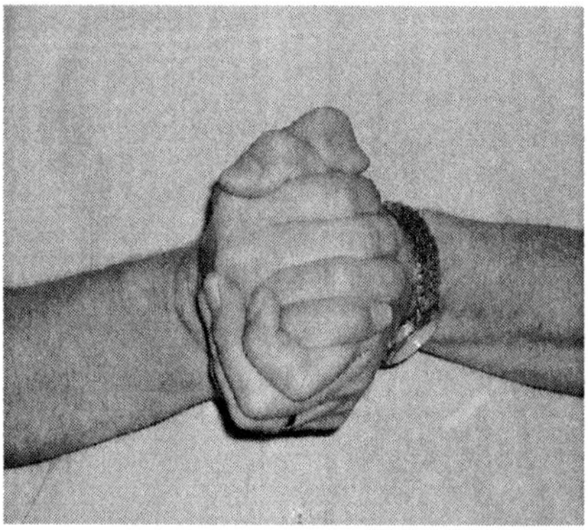

Kämpfer sind schnell, direkt und zielstrebig. Sie sind **Zeitsparer**, sie erledigen alles so rasch wie möglich, wenn es geht auch mehrere Dinge gleichzeitig. Diese Wesenszüge zeigen sich oft in ihrem Gang. Sie marschieren schnell, ohne Umwege und meist mit großen Schritten. Ihre Bewegungen sind oft ziemlich zackig.

Sie sind sehr **organisiert**. Dazu gehört auch die Ordnung. Da sie Zeitsparer sind, halten sie sich z.B. nicht mit Smalltalk auf.

Kämpfer sind **immer aktiv**. Sie arbeiten viel und auch an den Wochenenden finden sie keine Ruhe. Wenn sie nicht mit dem Beruf beschäftigt sind, dann entfalten sie Freizeitaktivitäten.

---

[5] Zur Erklärung: „Handeln“ kommt von „Hand“. Wer handeln will, nimmt die Hände nach vorn, weil er sie dafür in der Regel sehen können muss. Man kann mit den Händen vor dem Körper auch eine Barriere errichten, hinter der man sich sicherer fühlt. Dies ist aber bei Kämpfern eher nicht der Fall.

Extreme (Einzel-) Sportarten wie Langlaufen, Fallschirmspringen, Klettern oder Skifahren sind typisch. Sie nehmen selten länger Urlaub. Für sie gibt es nichts Wichtigeres als ihre Aktivitäten. Dem müssen sich alle anderen unterordnen. Wenn sie doch einmal zur Untätigkeit gezwungen sind, bekommen sie oft große Probleme und verfallen dann manchmal auf teils extrem schädliche oder absurde Tätigkeiten.

Die Zielstrebigkeit von Kämpfern erkennt man oft schon frühzeitig. Viele haben ihre Ausbildung in Rekordzeit durchlaufen, sie sind überall die jüngsten Einsteiger und machen die steilste Karriere. Gern verweisen sie in ihrer Selbstdarstellung (Lebenslauf, Homepage etc.) auf diesen Punkt.

Kämpfer sind **Siegertypen**. Sie wollen dominieren, brauchen immer eine herausragende Rolle. In Verhandlungen wollen sie spüren, dass sie den anderen besiegt haben. Siege machen sie am liebsten an zählbaren Erfolgen fest, also an Preisnachlässen oder - im größeren Rahmen - an guten Bilanzen, „Personaleinsparungen" etc.

Paul Watzlawick bezeichnet Menschen, die so denken und handeln, als **„Nullsummenspieler".** Sie glauben, dass sie nur das gewinnen können, was ein anderer verliert. Die „win-win-Philosophie", wonach in einer Verhandlung beide gewinnen können, tun ausgeprägte Kämpferpersönlichkeiten gern als Unfug ab.

Kämpfer handeln gern **eigenmächtig**, weil sie wie kein anderer von der Richtigkeit ihres Handelns überzeugt sind. Deshalb verwenden sie auch nicht viel Zeit für die Abstimmung mit anderen. Sie sind keine Teamplayer. Wenn sie einem Team angehören, dann wollen sie der Chef sein. Können sie das nicht, dann brauchen sie eine besonders wichtige Aufgabe, sonst verlieren sie das Interesse, oder sie geraten in Versuchung, am Stuhl des Chefs zu sägen.

So wie in Verhandlungen, sind Kämpfer auch ansonsten **fordernd**. Vor allem sie sind es, die immer noch etwas mehr verlangen als beim letzten Mal. Wenn sie sich in den Kopf gesetzt haben, dass sie etwas wollen oder brauchen, dann fordern sie es, sei es von Mitarbeitern, sei es von Lieferanten oder Dienstleistern. Wenn sie dabei auf Widerstand stoßen, dann überwinden sie ihn. Sie sind auch immer hart gegen sich selbst.

Kämpfer sind **Machtmenschen**. Man findet sie in der Politik vor allem ganz oben. Bundeskanzler, Ministerpräsidenten, Bürgermeister und Landräte sind besonders häufig von diesem Typ. Wer nicht diesen ausgeprägten Willen zur Macht hat, der kommt eben auch nicht dort oben an.

Eines der am leichtesten zu beobachtenden Anzeichen von Machtmenschen ist der Hut. Wer heute noch ohne Not Hut trägt, hat wahrscheinlich zumindest Tendenzen zum Kämpfer.

Auch **Titel** aller Art sind Machtsymbole, deshalb nehmen es Kämpfer recht genau damit. Viele stellen sich noch heute als „Dr. Sowieso" vor. Andere Persönlichkeitstypen nennen den eigenen Titel üblicherweise nicht mehr.

Deutlich ist auch der **Daumen**. Vor allem Kämpfer spreizen ihn häufig deutlich ab. Manchmal tragen sie dort auch einen Ring. Gleiches gilt für den **Zeigefinger**. Werden Daumen und Zeigefinger gleichzeitig abgespreizt, entsteht die berühmte „Pistolenhand". Diese zeigen besonders Kämpfer sehr oft.

Ein typisches Anzeichen von Machtmenschen, die ganz oben angekommen sind, ist ihre stark **eingeschränkte Körpersprache**. Alle wirklich Mächtigen sind darauf bedacht, so wenig wie möglich über sich und ihre Gefühle zu verraten. Deshalb halten sie ihren Körper möglichst ruhig und zeigen möglichst wenig Mienenspiel. Dies lässt sich im Fernsehen gut beobachten, vor allem bei Interviews und bei Kandidatenduellen.

Kämpfer sind stark **ichbezogen**. Sie vertreten vor allem ihre eigenen Interessen und sie sprechen vor allem über sich.

Es sei hier noch einmal deutlich gesagt: Kämpfer trauen sich selbst mehr zu als anderen. Das heißt aber nicht, dass sie automatisch auf andere herab sehen oder sie womöglich verachten. Manche tun das zwar, aber das darf man auf keinen Fall verallgemeinern.

Viele Kämpfer haben kein Gefühl für den Umgang mit **vertraulichen Informationen**. Was man ihnen unter dem Siegel der Verschwiegenheit mitteilt, tragen sie manchmal trotzdem weiter, wenn es ihren Interessen dient. Hier ist Vorsicht geboten, hier riskiert man Ärger mit seinen Informanten.

Nachdem Kämpfer sehr stark nach **Nützlichkeit** urteilen, werfen sie viele Dinge weg, sobald sie ihren Zweck erfüllt haben. So ist schon manches ins Herdfeuer oder auf den Müll gewandert, was in der Wirklichkeit anderer Menschen ein Erinnerungsstück, eine wichtige Unterlage oder eine Antiquität war. Auch dies mag ein Grund sein, warum das Ambiente vieler Kämpfer etwas nüchtern wirkt.

Kämpfer handeln **pragmatisch**. Wenn es der Sache dient, sehen sie über vieles hinweg. Vielleicht befähigt sie auch diese Eigenschaft zur Politik. Jenseits aller Parteigrenzen müssen Politiker beispielsweise „Vernunftehen“, also Koalitionen eingehen mit Partnern, die ihnen nicht unbedingt genehm sind.

Extremfälle

Ausgeprägte Kämpfer sind ausgesprochen **unsensibel**. Für sie zählen Fakten, Zahlen und Interessen. Wo andere auch einmal aus Rücksicht auf etwas verzichten, greifen sie zu. Sie gehen immer davon aus, dass andere ihre Interessen mit der gleichen Hartnäckigkeit vertreten wie sie selbst. Deshalb käme es ihnen nicht in den Sinn, freiwillig zurückzuziehen.

Für die Durchsetzung ihrer Interessen werden ausgeprägte Kämpfer leicht auch grob, ungeduldig, unfair oder unehrlich.

Manche Menschen leiden unter den oft regelmäßigen **Wutanfällen** von Kämpfern in ihrer Umgebung, besonders ihrer Chefs. Das Wort „Choleriker“, das diesen Typ in der klassischen Lehre der Temperamente bezeichnet, hat mittlerweile genau diese Bedeutung.

Eine regelrechte Unart von ausgeprägten Kämpfern ist ihre Vorliebe für **derbe Späße** auf Kosten anderer.

Da Kämpfer pragmatisch vorgehen und sich über vieles hinwegsetzen, also auch über die Belange Anderer, sind sie auch sehr **misstrauisch**. Denn selbstverständlich gehen sie immer davon aus, dass andere ebenso handeln wie sie.

Typische Funktionen und Berufe

Man findet kämpferisch veranlagte Persönlichkeiten häufig neben den erwähnten politischen Ämtern beispielsweise im Management, Geschäftsführung, Journalismus und im Vorsitz von Vereinen und anderen Organisationen. Und als typische Pioniere gründen sie oft selbst Organisationen, sowohl gemeinnützige als auch Wirtschaftsunternehmen.

Kämpfer eignen sich als Trainer vor allem für Mannschaften, die bereits oben angekommen sind. Sie haben die Fähigkeiten, um sie dort oben zu halten. Das Aufbauen von mittelmäßigen Mannschaften scheint weniger ihre Domäne zu sein.

Als Unterhaltungskünstler kommen sie weniger häufig vor. Trotzdem können moderate Vertreter ihrer Art als Showmaster recht beliebt sein. Extremen Kämpfern kommt in manchen Formaten ihre Neigung zu derben Späßen auf Kosten anderer sehr entgegen.

Das von **Niccolò Machiavelli** in seinem Buch „Der Fürst" beschriebenen Bild eines Machtmenschen entspricht weitestgehend dem Persönlichkeitstyp des Kämpfers.

Typische Beispiele für kämpferische Comic-Figuren sind **Dagobert Duck und Luzie van Pelt** (Peanuts).

In der klassischen Lehre der Temperamente entspricht die Kämpferpersönlichkeit dem „Choleriker". Der wird von Alfred Adler[6] u.a. so beschrieben:

„In die Sprache der Individualpsychologie übersetzt, ist der Choleriker derjenige, dessen Streben nach Macht so angespannt ist, dass er immer große Bewegungen machen muss, Kraftleistungen produzieren und in geradlinig-aggressivem Vorgehen alles überrennen will."

---

[6] Alfred Adler: Menschenkenntnis. Frankfurt/M und Hamburg 1966

Wahre Begebenheiten mit Kämpfer-Persönlichkeiten

Zeitsparer
Ein Firmenchef muss die Weihnachtskarten für 200 Kunden unterschreiben. Sein Kommentar: „Da müsste man nebenher telefonieren können!"

Zitat: „Im Chaos könnte ich nicht leben" (Ein Kämpfer über sein sehr ordentliches Zuhause)

Aktiv 1
Ein Kämpfer erzählt einem Besucher seines Reihenhauses: „Diesen Mauerdurchbruch hier habe ich über die Osterfeiertage gemacht." Dass er damit die Feiertagsruhe seiner Nachbarn massiv gestört hatte, spielte für ihn keine Rolle.

Aktiv2
Zitat: „Ich brauche den Stress" (Ein Geschäftsführer mit 70-Stunden-Woche)

Macht geht über Verdienst
Einem Kämpfer aus meinem Kundenkreis machte ich ein interessantes Angebot, im Rahmen des Millennium-Fiebers einen sehr gut dotierten Programmierjob zu übernehmen. Er lehnte ab, obwohl er mehr verdient hätte als mit seinem damaligen Job, mit dem er zudem reichlich Ärger hatte. Er hätte zu wenig Einfluss auf die Sache gehabt.

Zeitsparer/unsensibel
An meinem ersten Arbeitsplatz machte ich die telefonische Kundenbetreuung weitestgehend allein. Damit war ich ziemlich gut beschäftigt, der Job war extrem anstrengend. Von meinem kämpferischen Chef bekam ich regelmäßig eine Kopie der Telefonrechnung mit dem Kommentar „Verwöhnen Sie die Kunden nicht so!"

Die schnelle Entscheidung
Ein Autohändler wurde von seinem kämpferischen Kunden beauftragt, möglichst rasch ein passendes Geschäftsauto für ihn aufzutreiben. Der Händler besuchte ihn und beschrieb ihm mit knappen Worten die drei Fahrzeuge, die er kurzfristig besorgen könnte. Der Kunde, ein Handwerker, blickte während der Schilderung nicht einmal von seiner Arbeit auf und sagte am Ende nur: „Ich nehme den zweiten".

Wegwerfer
Wenn ich einen kämpferischen Elektriker aus meinem persönlichen Umfeld bitte, mir ein Gerät zu reparieren, dann antwort er meistens in etwa: „So ein altes Ding schaue ich überhaupt nicht mehr an. Schmeiß es weg, es gibt inzwischen viel bessere!"

Nur Eigeninteresse zählt
Ein Unternehmer machte Geschäfte mit Kunden, die rechtlich völlig in Ordnung waren, aber die Kunden täuschten sich wegen der Aufmachung der Unterlagen über die wahren Kosten. Der Unternehmer rechtfertigte sich damit, dass dies in seiner Branche so üblich sei. Er verschloss sich allen Argumenten, bis ich ihn darauf hinwies, dass er ganz allein den Rufschaden hat, weil seine Kunden sich trotzdem hintergangen fühlen und das natürlich herumerzählen. Von diesem Moment an änderte er die Unterlagen.

Oben und unten 1
Einer meiner Chefs aus meiner Angestelltenzeit sagte immer, wenn er auch nur das geringste Anzeichen sah, dass seine Machtstellung in Frage stand: „Es bleibt dabei, der Ober sticht den Unter".

Oben und unten 2
Von fast allen Machtmenschen sind die Geschichten überliefert, wie sie Leute in ihrem Umfeld entmachten. Bekannte

Beispiele sind Fußballtrainer, die bei Übernahme einer neuen Mannschaft als erstes einen einflussreichen Spieler „köpfen“, oder führende Politiker, die sofort jeden aus ihrem Umfeld entfernen, von dem sie glauben, dass er ihre Macht schmälern könnte.

Oben und unten 3
Gegenüber einem kämpferischen Arzt bezeichnete ich seine Arzthelferin als „die Kollegin von der Rezeption“. Er klärte mich umgehend darüber auf, dass es sich hier nicht um eine Kollegin, sondern um eine Mitarbeiterin handle. „Kollegin wäre sie, wenn sie eine Ärztin wäre“.

Alles unter Kontrolle
Von einem deutschen Spitzenmanager wurde erzählt, dass er, wenn er anderen zustimmen musste, dies mit den Worten tat: „Sie haben Recht, aber Sie wissen nicht, warum“.

Keine Abstimmung
Nach einem Vortrag bat ich den Referenten, mir eine Widmung in mein Exemplar eines von ihm geschriebenen Buches zu schreiben. Bevor ich sagen konnte, welchen Wortlaut ich gern hätte, hatte er schon angefangen zu schreiben. Jetzt gehöre ich zu den wenigen Menschen, die ein Buch mit 1,5 Widmungen besitzen.

Wenig Zutrauen zu anderen
Ich gebe einer Kämpferpersönlichkeit einen Entwurf für einen Pressetext zur Abstimmung. Bevor sie überhaupt zu lesen beginnt, sucht sie sich einen Stift für die Korrekturen.

Der geschäftsmäßige „Abwickler“
Ein kämpferischer Angestellter, der hauptsächlich Insolvenzfälle bearbeitet, hat ständig mit Menschen zu tun, die wegen teils tragischer persönlicher Schicksale in Not und Verzweiflung geraten. Er sagt: „Ich kann es nicht leiden, wenn jemand

die Fassung verliert". Würde er sich diese Dinge zu Herzen nehmen, würde er wahrscheinlich psychisch daran zerbrechen.

Ein Witz zum Thema

Der Firmeninhaber weist seinen Assistenten an: „Durchforsten Sie die Firma. Suchen Sie nach dem besten Mann, den wir haben. Jung, ehrgeizig, mit Elan und Sachverstand, intelligent und mit Tatkraft, der eines Tages mein Nachfolger werden könnte. Und wenn Sie ihn gefunden haben – dann schmeißen Sie ihn sofort raus."

Der lügende Arzt

Ein Arzt, der die kieferorthopädische Behandlung für das Kind einer mir bekannten Familie übernehmen wollte, verlangte von den Eltern gleich zu Anfang der Behandlung die Zustimmung zu bestimmten Abrechnungsmodalitäten, die es ihm gestattet hätten, zusätzliche Leistungen privat abzurechnen. Darauf wollten sich die Eltern nicht ohne weiteres einlassen und vereinbarten deshalb ein Gespräch mit ihm. Dies ist die Schilderung der Eltern nach der Rückkehr von diesem Termin:

Der Arzt stürmte in das Besprechungszimmer, drückte den Eltern sehr kräftig die Hand, nahm Platz und fing sofort an, über das Gesundheitssystem in Deutschland zu lamentieren. Alles war daran schlecht und die Qualität der ärztlichen Leistung unter solchen Bedingungen nicht mehr zu gewährleisten. Er ließ durchblicken, dass die Behandlung des Kindes als reine Kassenleistung vielleicht gar nicht möglich wäre wegen bestimmter Vorschriften etc. und dass die Eltern sich deshalb auf sein Abrechnungsmodell einlassen müssten. Auf konkrete Nachfragen wich er aus. Während seines „Vortrags" hielt er fast ständig den einen Zeigefinger ausgestreckt.

Als er merkte, dass er sein Ziel nicht erreichen würde, behauptete er schließlich: „Die Kasse bezahlt eine Behandlung nur so weit, wie es erforderlich ist, damit Ihr Kind beißen, kauen und sprechen kann. Aber das reicht mir nicht, ich will das bestmögliche Ergebnis für Ihr Kind". Während er das sagte, ballte er die eine Hand zur Faust und hielt sie sich vor den Mund. Körpersprachlich war das ein deutlicher Hinweis: Wut, Entschlossenheit und Lüge in einem.

Vieles an dieser Geschichte ist typisch für die kämpferische Persönlichkeit:

- der kräftige Händedruck
- er kommt sofort zur Sache
- die Dominanz (Zeigefinger)
- er bestimmt das Gespräch, die Eltern kommen kaum zu Wort
- er verfolgt konsequent sein Ziel
- dafür lügt er auch

Selbst diesem abgebrühten Menschen aber gelang es nicht, seine verräterische Körpersprache zu unterdrücken[7].

Wichtig: Nicht alle Kämpfer sind automatisch Lügner! Unehrlichkeit scheint bei ihnen zwar deutlich häufiger vorzukommen als bei anderen Persönlichkeitstypen, aber man täte vielen Kämpfern Unrecht, wenn man ihnen unterstellen würde, dass sie zur Durchsetzung ihrer Interessen einfach lügen.

---

[7] Das ist übrigens der Grund, warum sich Machtmenschen, wenn sie können, in weite Gewänder hüllen. Sie verdecken auf diese Weise einen großen Teil ihrer körpersprachlichen Signale. Beispiele: Absolutistische Herrscher, kirchliche Würdenträger. Bei Gericht tragen Anwälte und Richter lange Roben, die eine ähnliche Funktion erfüllen. Die Richter als Vertreter der Staatsmacht tragen dazu noch eine Kopfbedeckung.

Die Tendenzen des offenen Persönlichkeitstyps

In Deutschland wollte man mich lehren, andere nicht merken zu lassen, wie es in mir aussieht, weil man das gegen mich verwenden könnte. Mein Inneres ist doch nicht mein Feind!
(Samy Molcho)

Das äußere **Erscheinungsbild** von Offenen fällt oft etwas aus dem Rahmen. Sie sind gern schick und tragen deshalb auch oft Anzüge bzw. Kostüme o.ä.. Aber anders als Kämpfer kombinieren sie diese formalen Kleidungsstücke gern mit originellen Ergänzungen wie Cowboystiefeln oder Turnschuhen, ungewöhnlichen Krawatten oder auffälligen Hemden. Sie kleiden sich auch gern leger und gänzlich unförmlich. Ausgefallene Frisuren mögen sie ebenfalls recht gern. All dies wirkt aber selten unangenehm oder gar abschreckend-provokant, sondern drückt eher Lebensfreude aus.

Ihre **Stimme** klingt meistens freundlich. Sie hat den typischen warmen Klang von Menschen, die Menschen mögen. Ihre Bewegungen sind eher weich und fließend.

Das typischste Merkmal von Offenen ist das **freundliche, entspannte Gesicht.** Sie kennen keine Scheu gegenüber Fremden. Sie sind diejenigen, die sich auch sofort mit dem Vornamen vorstellen, sie sind mit vielen Menschen gleich per du. Sie sind begnadete Witzerzähler, sie lachen gern und viel und halten wenig Distanz. Damit verschrecken sie andere manchmal ein wenig.

Bild: eine offene Persönlichkeit

Offene sind **freundlich und gesprächig**, auch bei sehr persönlichen Angelegenheiten. Da kann es passieren, dass sie gegenüber einem Fremden oder flüchtig Bekannten Dinge ansprechen, die andere nur im engsten Kreis erwähnen würden. Sie haben immer Zeit für ein wenig mehr Kommunikation und stellen meist sofort einen persönlichen, emotionalen Bezug zu anderen her.

Bild: Diese Küche entspricht fast vollständig den Vorstellungen einer offenen Persönlichkeit: Massivholz, wohnlich, großzügig angelegt, Teil eines größeren Wohnraums. Die Dekoration wechselt häufig.

Offene lieben ein **lebendiges Ambiente**. Vor allem bei ihnen findet man zimmerhohe Pflanzen, einen ausladenden Schreibtisch, geräumige Sessel und schöne Bilder. Kunstvolle Feinheiten sind dabei weniger ihre Sache, die Dinge müssen sie vor allem emotional ansprechen. Der Gesamteindruck ihrer Einrichtung ist eher warm als kühl und eher luxuriös als spartanisch. Auch beim **Auto** greifen sie lieber eine Preisklasse höher. Sie sind empfänglich für Luxus und Üppigkeit.

Sie sind begeisterungsfähig, das liegt natürlich wesentlich an ihrer emotionalen, positiven Grundhaltung, gepaart mit einem nahezu unerschütterlichen Optimismus. Allerdings bringt sie das auch leicht in Schwierigkeiten, denn sie neigen zu spontanen, **emotionalen Entscheidungen**. Auch mit Geld gehen sie eher sorglos um.

Offene sind freundlich und unverklemmt, und in dieser Freundlichkeit sprechen sie auch Absagen aus, sie können **nein sagen.** Wo andere sich winden, sagen sie es direkt: „Ja, das ist wirklich ein gutes Angebot, was Sie da machen, aber wir haben dafür keine Verwendung. Wollen wir noch einen Kaffee trinken?“ Das Neinsagen vergessen sie allerdings gerne, wenn man ihnen Aufgaben überträgt, die ihnen gefallen. In ihrer Begeisterung vergessen sie allzu leicht, dass sie eigentlich schon genug zu tun haben.

Freimütig und gelassen gehen Menschen dieses Typs auch mit Enttäuschungen um. Sie nehmen es nicht so tragisch, wenn jemand ihre Erwartungen nicht erfüllt und tragen es auch in der Regel nicht lange nach. Offene sind **großzügig** in jeder Beziehung, auch beim Trinkgeld.

Organisation ist für die meisten Offenen ein Fremdwort. Sie neigen eher zu **Chaotentum**, handeln spontan und haben auch unter schwierigsten Bedingungen noch Zeit für eine kleine Plauderei. Damit einher geht etwas, das ihnen oft echte

Probleme bereitet, sowohl am Arbeitsplatz, als auch privat: Sie **verlieren leicht den Überblick**. Besonders Offenen kann es passieren, dass sich vor ihren Augen eine Katastrophe anbahnt und sie merken nichts davon, etwa wenn Verhandlungen scheitern.

Bild: Der Arbeitsplatz, an dem dieses Kapitel entstand. Eine offene Persönlichkeit empfindet die Atmosphäre immer noch als angenehm.

Die vielleicht interessanteste Eigenschaft von Offenen ist ihre Fähigkeit, andere zu **fördern**. Wie schon erwähnt, sind sie gute Lehrer und Ausbilder. Sie sind diejenigen, die aus einer mittelmäßigen Truppe eine gute machen, indem sie die Potenziale von Menschen freilegen, die das von selbst nicht täten.

Typisch für Offene ist deshalb, dass sie sich in der Firma um die innerbetriebliche Ausbildung kümmern. Zuständig sind dafür oft andere, aber sie sorgen dafür, dass die Azubis sich auch persönlich weiterentwickeln.

Ein **Ring am kleinen Finger** ist ein deutlicher Hinweis auf eine offene Persönlichkeit. Oft tragen Offene auch Ringe am Mittelfinger und am Ringfinger (nicht nur den Ehering).

Offene neigen zu Oberflächlichkeit und Großzügigkeit. Da ist es dann fast logisch, dass sie auch **tolerant** sind. Sie haben meist keine großen Probleme mit Minderheiten oder nicht ganz angepassten Persönlichkeiten in ihrem Umfeld.

Im Normalfall muss man bei Offenen immer auf der Rechnung haben, dass sie eher etwas **unzuverlässig** sind. Höhere Zuverlässigkeit verträgt sich einfach nicht mit ihrer Spontaneität.

Um aber falschen Eindrücken vorzubeugen: Auch Offene widmen sich Dingen mit Hingabe, Gründlichkeit und Ernsthaftigkeit, wenn es erforderlich ist.

Typische Funktionen und Berufe

Da Offene die Veranlagung haben, gern andere zu fördern, sind sie häufig Lehrer oder andere Ausbilder. Da ihre Lieblingsbeschäftigung die Kommunikation ist, sind sie in der Regel gute Betreuer, Berater und Verkäufer. Unterhaltungskünstler sind in der großen Mehrzahl ebenfalls Offene.

Als Trainer eignen sie sich offenbar vor allem für Mannschaften, die noch etwas werden wollen. Es ist ihr spezielles Talent, die Potenziale ihrer Spieler freizulegen und sie weiter zu entwickeln.

In der klassischen Lehre der Temperamente entspricht die offene Persönlichkeit in etwa dem „Sanguiniker“. Alfred Adler beschreibt ihn u.a. wie folgt:

“Unter einem Sanguiniker versteht man einen Menschen, der eine gewisse Lebenslust aufweist, die Dinge nicht allzu schwer nimmt, sich, wie man sagt, nicht leicht graue Haare wachsen lässt und versucht, allem die schönste und angenehmste Seite abzugewinnen, der bei traurigen Anlässen wohl traurig ist, aber nicht zusammenbricht, bei freudigen Ereignissen wohl einen Genuss empfindet ...“

Wahre Begebenheiten mit Offenen

Die ungewöhnliche Allergie

Ich schlief eine Zeit lang sehr unruhig und meine Frau erklärte mir, das sei auf Dauer nicht zu ertragen. Da sie meinte, es könne eine Allergie sein, ging ich zum Arzt.

Dessen Praxis war außergewöhnlich eingerichtet. Die meisten Möbel waren aus Metall zusammengeschweißt, dazwischen viel Orange und Gelb an Wänden und Geräten. Die Ordnung hielt sich in Grenzen.

Der Arzt sah nicht unbedingt wie einer aus. Das Haar mittellang, Freizeitkleidung, unrasiert. Auch seine gute Laune passte nicht so recht zu dem Bild, das man von diesem Berufsstand hat.

Ich schilderte ihm mein Problem und er veranlasste daraufhin einen Allergietest. Der war negativ, was er mit den Worten kommentierte: „Sie sind höchstens allergisch auf Ihre Frau“. Dafür entschuldigte er sich sofort wieder.

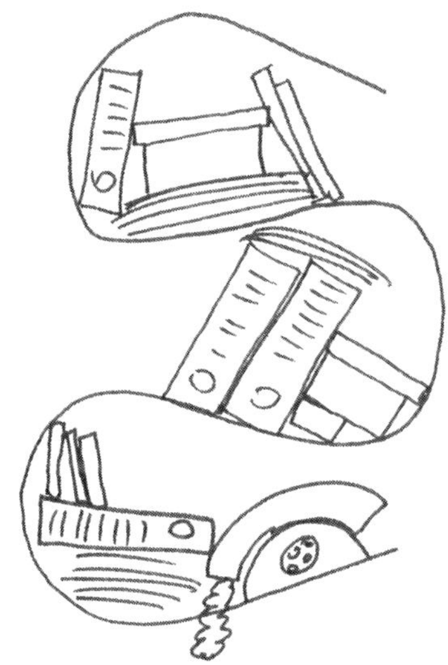

Bild: so ungefähr sah eines der metallenen Regale im Behandlungszimmer aus.

Das originelle Ambiente und das lose Mundwerk, verbunden mit der Entschuldigung allein genügen, um den Arzt mit Sicherheit als offene Persönlichkeit zu klassifizieren. Ein Kämpfer wäre nicht so eingerichtet und würde keinen solchen

Witz machen. Und wenn doch, dann würde er sich kaum dafür entschuldigen.

Auch Kämpfer richten sich natürlich gern mit Metall ein, aber solch geschwungene Formen wie in der Skizze würden sie kaum wählen. Außerdem wäre die matte Oberfläche nicht nach ihrem Geschmack. Für einen Kämpfer müsste es schon etwas glänzend, akkurat und aufgeräumt sein.

Was den Witz angeht, so ist zu vermuten, dass hier ein Offener gespürt hat, mit wem er es zu tun hat und dass er eben in diesem Fall auch einen Witz machen kann, mit dem er andere schwer treffen könnte. Siehe hierzu auch „Die fröhliche Begrüßung“ Teil 1 und 2 auf Seite 111 f.

Bei einer anderen Gelegenheit stellte sich heraus, dass dieser Arzt mehrere Fremdsprachen spricht. Auch das weist ihn natürlich als kommunikativen Menschen aus.

Kollege Chef

In einem Gespräch mit dem gerade behandelten Arzt bezeichnete ich seine Sprechstundenhilfe als „die Kollegin von der Rezeption“. Er widersprach nicht, also fand er es wohl in Ordnung. Sein kämpferischer Kollege hatte damit ein Problem (siehe „oben und unten 3“ auf Seite 28).

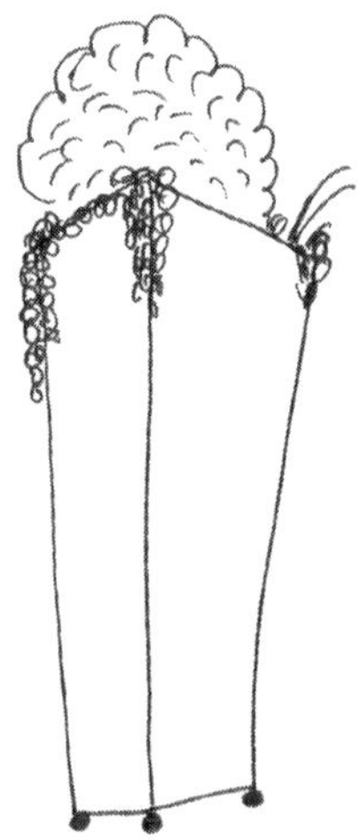

Beschreibung einer weiteren Arztpraxis

Holzfußboden, hölzerne Möbel. An der Rezeption eine bunte Pop-Art-Plastik mit zahlreichen Einzelheiten. Gegenüber an der Wand eine zwei Meter hohe Nachbildung einer steinzeitlichen Höhlenmalerei. Im Wartezimmer ein überdimensionaler Pflanzenständer wie in der Skizze rechts, ca. 1,5 m hoch. Im Korridor eine Plastik aus Metall im Fantasy-Stil. Im Behandlungszimmer am Fenster eine Vase mit zwei großen Blumen, die die Fensternische ausfüllt. Überall farbenfrohe Bilder, teils geometrische, teils zufällig anmutende Formen. Dazwischen gegenständliche Malereien mit Phantasiedarstellungen, z.B. eine sitzende Frau mit einem Panther. Der Chef ist in der Nähe der offenen Persönlichkeit einzuordnen. Niemand in dieser Praxis ist von Zeitsparvirus befallen. Ausnahmslos alle Menschen, die hier arbeiten, sind sehr liebenswürdig, während der Behandlung plaudern sie mit ihren Patienten. Die Praxis befindet sich in einer großen, schön renovierten Jugendstil-Villa.

Entgleisung wegen Spontaneität

Eine Apotheke hatte von meinem ersten Arbeitgeber ein Computersystem gekauft. Die Startphase verlief etwas holprig, was einer der Mitarbeiterinnen sehr zu schaffen machte. In Anwesenheit eines meiner Kollegen schimpfte sie: „Dieses Mistsystem hat mir so auf den Magen geschlagen, dass ich seit zwei Wochen nicht mehr richtig gegessen habe!“ Mein offener Kollege: „Das ist die so genannte Computerdiät“.

„Die sündige Bäuerin“

Ein Pfarrer unterhält sich mit einer Bäuerin über dies und das bei einem Glas Likör. Die Bäuerin sagt: „Der Likör ist so stark, den muss ich mit Wasser verdünnen.“ Darauf der Pfarrer: „Also das müssen Sie beichten. Das ist ja eine Sünde, was Sie da mit diesem guten Tropfen anrichten!“

„Man gönnt sich ja sonst nichts“

Ein offener Unternehmer, der nach eigenen Angaben bereits bankrott war, zeigte Erstaunen darüber, dass sein Besucher nicht im besten Hotel am Platz abstieg, sondern sich mit einem ruhigen Quartier zum halben Preis zufrieden gab. Der gleiche Unternehmer weigerte sich auch, in seinem Heimatort als Beifahrer in einem Kleinwagen mitzufahren, weil er sich „in so einem Auto nicht sehen lassen kann".

Abschluss nebenbei

Ich besuchte einen Geschäftspartner wegen eines Auftrags, den ich von ihm haben wollte. Ich traf ihn in seinem Büro, er legte sofort die Arbeit beiseite und fragte mich, wie es denn so geht. Wir plauderten eine halbe Stunde über dies und das, bis ich sagte, dass ich eigentlich aus einem anderen Grund gekommen sei. Nachdem ich ihm kurz erklärt hatte, was ich für ihn tun könnte, beauftragte er mich mit den Worten: „Ja, okay, mach das". Dieser geschäftliche Teil der „Unterredung" dauerte ca. zwei Minuten.

Mehr Zutrauen zu anderen

Ich gebe einer offenen Persönlichkeit einen Entwurf für einen Pressetext zur Abstimmung. Sie beginnt sofort noch im Stehen zu lesen, freut sich über ein paar gelungene Formulierungen und gibt ihn mir zurück mit den Worten: „Sehr schön". Die kämpferische Person (siehe „Wenig Zutrauen zu anderen", Seite 28) ging erst einmal vom Gegenteil aus.

Geld

Zitat: „Ich habe das große Talent, aus einem Euro zehn Cent zu machen" (ein Offener über seinen Umgang mit Geld)

Verantwortung und Risikobereitschaft

Eine IT-Firma verschickte regelmäßig per Post Disketten mit Datenbankänderungen an eine große Anzahl von Kunden. Einmal stellte sich heraus, dass sämtliche Disketten falsch bespielt waren. Sie waren bereits bei der Post, der Chef war nicht erreichbar, es herrschte Entscheidungsnotstand. Ein offener Neuling mit einer Berufserfahrung von mehreren Wochen ergriff die Initiative, rief beim Postamt an und bat darum, die Sendungen zurückzuhalten. Dann holte er die Sachen ab und leitete die Neubespielung ein. Sein erfahrener

Kollege redete während der Aktion unablässig auf ihn ein: „Du setzt dich bloß in die Nesseln damit, das geht dich doch gar nichts an, was mischst du dich da ein!" Die Aktion kostete den Neuling eine schlaflose Nacht, am nächsten Tag gingen die korrigierten Sachen in die Post. Die vereinzelten Anrufe wegen der verspäteten Auslieferung nahm die Geschäftsleitung gern in Kauf, anderenfalls hätte es massiven Ärger mit den Kunden gegeben.

Freundlichkeit

Zitat: „Ich stelle an mich den Anspruch, zu Menschen möglichst freundlich zu sein. Ich möchte auch, dass mit mir freundlich umgegangen wird. Das ist für mich eine Lebenshaltung." (eine offene Persönlichkeit über sich selbst)

Eine typische offene Filmfigur ist Tatort-Kommissar **Horst Schimanski** (Götz George). Optimistisch, zupackend, spontan, emotional, gutmütig, manchmal naiv und immer bereit, an das Gute im Menschen zu glauben.

Zwei Referenten bei einem gemeinsamen Auftritt

Es war eine schöne Gelegenheit, den Unterschied zwischen einem kämpferischen (Volkswirt) und einem offenen Typ (Versicherungskaufmann) zu studieren.

Der Kämpfer (rechts) wird vorgestellt. Er bleibt cool und in sich gekehrt, genießt still.

Der Offene (links) wird vorgestellt. Er genießt erkennbar die Aufmerksamkeit.

Diese beiden unterschiedlichen Persönlichkeiten leiten sehr erfolgreich gemeinsam einen Ortsverein einer großen deutschen Volkspartei. Der Kämpfer kümmert sich mehr um die organisatorischen und verwaltungstechnischen Angelegenheiten, der Offene um die Mitglieder. Er ist außerdem an seinem Arbeitsplatz als Ausbilder tätig.

Typische Bilder vom Referat des Kämpfers

Die freie Kehle weist auf hohe Selbstsicherheit hin, die vielen Zeigefinger und Stifte verstärken den Eindruck von Dominanz.

Die linke (Gefühls-)Hand verschwindet oft unter dem Tisch.

Die zurückgelehnte Oberkörperhaltung ist ebenfalls Anzeichen hoher Selbstsicherheit.

Typische Bilder vom Referat des Offenen

Die freie Kehle signalisiert Selbstsicherheit, fällt aber weniger auf, weil er gleichzeitig mit dem Oberkörper und dem Kopf die Nähe zum Publikum sucht (Abstand verkleinert).

Der Stift auf den beiden oberen Bildern signalisiert Dominanz, der häufig schräg gehaltene Kopf hohe Aufmerksamkeit.

Unten rechts greift er gleichsam nach dem Publikum.

Die Tendenzen des ruhigen Persönlichkeitstyps

In der Ruhe liegt die Kraft
(Volksweisheit)

Ruhige fallen nicht gern auf, deshalb kleiden sie sich eher etwas **unauffällig** und im Zweifel lieber korrekt. Ansonsten haben sie es gern etwas bequem und leger. Sie drängen sich nicht nach vorn, sie stehen nicht gern im Brennpunkt.

Bild: Eine ruhige Persönlichkeit. Das Foto ist im engeren Sinn gestellt, es ist Teil einer Dokumentation über einen lokalen Brauch. Dass es eines Tages als Beispiel für eine ruhige Persönlichkeit dienen würde, ahnten allerdings zum Zeitpunkt der Aufnahme weder die Fotografin noch der Fotografierte.

Ruhige sind in der Regel **freundlich gestimmt**. Deshalb ist ihr Gesichtsausdruck meistens auch freundlich und entspannt, jedenfalls gegenüber Menschen, die sie kennen. Ihre Stimme klingt meistens auch eher freundlich und warm und eher etwas leiser.

Ruhige pflegen gern intensive Beziehungen, aber gegenüber Fremden sind sie erst einmal reserviert, sie sind **vorsichtig**.

Ruhige sind wie erwähnt Beziehungsmenschen durch und durch. Die Sicherheit, die eine stabile **Beziehung** mit sich bringt, ist ihnen sehr viel wert. Diese Sicherheit ist natürlich nur bei entsprechender Beständigkeit gegeben, deshalb ist auch diese für sie von grundlegender Bedeutung.

Es ist mehr als ein Spaß, wenn man behauptet, dass Ruhige die ältesten Autos fahren, weil sie auch zu ihrem Auto eine Beziehung haben. Ebenso schwer trennen sie sich von ihren Möbeln, ihrer Wohnung und natürlich ganz besonders schwer von Menschen, die sie gern mögen. Und natürlich bedeutet dies, dass Ruhige Familienmenschen sind.

Bild: Das Auto der ruhigen Persönlichkeit von Seite 45: ein 35 Jahre alter VW Käfer

Neben dem Alter der Möbel kann man das Zuhause oder den Arbeitsplatz einer ruhigen Persönlichkeit an der **Wärme** erkennen, die man dort spürt. Warme Farben, Holz und Pflanzen wird man bei ihnen häufig finden. In dieser Hinsicht sind Ruhige den Offenen ähnlich. Aber bei ihnen fällt all dies in der Regel deutlich kleiner und bescheidener aus.

Beständigkeit prägt häufig auch ihren **Arbeitsplatz**. Ruhige arbeiten beispielsweise nicht ungern in der Buchhaltung, weil sie dort wissen, was sie erwartet. Außerdem haben sie dort am wenigsten „Publikumsverkehr“. Denn so sehr sie einerseits die Menschen mögen, zu denen sie eine gute Beziehung haben, so ungern bekommen sie mit Menschen zu tun, die sie nicht kennen. Deshalb bevorzugen sie meistens Aufgaben in den hinteren Reihen. Diese Aufgaben erledigen sie allerdings dafür auch mit viel Geduld und hoher Zuverlässigkeit.

Bild: Zwei Ansichten von der Küche einer ruhigen Persönlichkeit. Heimelige Atmosphäre, klein und übersichtlich, dabei sehr praktisch.

Große Probleme haben Ruhige mit **Ablehnung**. Sie leiden sehr darunter, wenn sie sich zurückgesetzt vorkommen. Dies kann durch eine unbedachte Antwort geschehen, durch die forsche Ablehnung eines freundlichen Angebots oder ähnliches. Entsprechend schwer tun auch sie sich, wenn sie nein sagen müssen. Auch wenn sie die Überlastung sehen, die durch eine neue Aufgabe auf sie zu kommt, bringen sie es nur schwer fertig, sie abzulehnen. Sie fürchten sehr, die Erwartungen anderer zu enttäuschen. Auf der anderen Seite sind auch sie leicht zu enttäuschen. Wo Kämpfer oder Offene nach einer Enttäuschung zur Tagesordnung übergehen, sind sie leicht eingeschnappt und tragen die Sache dem anderen manchmal noch lange nach.

Die meisten Ruhigen haben kein Bedürfnis, aufzufallen. Sie sprechen nicht gern vor einer größeren Gruppe, sie neigen zu einer unauffälligen **Körperhaltung** und auch ihr Gang zieht selten Aufmerksamkeit auf sich.

Ihre schönste Eigenschaft ist auf jeden Fall ihre **Warmherzigkeit**. Ruhige haben eigentlich immer Zeit für ihre Mitmenschen, man findet bei ihnen immer ein offenes Ohr und kann ihnen jederzeit alles anvertrauen. Sie sind fast uneingeschränkt vertrauenswürdig, ehrlich und sehr hilfsbereit, sie sind die besten **Teamplayer**.

Dies liegt vielleicht auch daran, dass Ruhige ein großes Bedürfnis nach **Harmonie** haben. Meistens sind sie es, die ausgleichend und beruhigend auf die ganze Gruppe wirken. Dafür befähigt sie vor allem ihre Einfühlsamkeit. Diese Eigenschaft macht sie zu wunderbaren Beobachtern für alles, was sich auf der nichtsprachlichen Ebene abspielt.

Ihr Streben nach Harmonie führt allerdings nicht selten dazu, dass sie sich anderen gegenüber zu **nachgiebig** zeigen und ihre eigenen Interessen hintan stellen.

Ruhige haben einen stark ausgeprägten Sinn für **Fairness**. Sie halten sich meist sehr genau an Regeln und Abmachungen und achten immer darauf, dass es überall gerecht zugeht und niemand zurückbleibt. Sie haben ein Herz für die Schwächeren, Menschlichkeit ist für sie eines der wichtigsten Argumente überhaupt.

Da sie vorsichtige Menschen sind, die andere wie sich selbst nicht gern verletzen oder bloßstellen wollen, drücken sich Ruhige gern **indirekt** aus.

Sie halten nichts vom **Kämpfen**. Wenn es doch einmal erforderlich ist, suchen sie sich gern einen Partner, der über die entsprechenden Qualitäten verfügt. Wenn sie sich ohne Kampf nicht durchsetzen können, dann neigen sie zur Verweigerung. Sie beteiligen sich an der Sache einfach nicht.

Sie kämpfen nicht gern, aber dafür sind Ruhige sehr **ausdauernd und beharrlich**. Wenn sie mit den richtigen Aufgaben betraut werden, leisten sie Erstaunliches.

Sie können richtige Arbeitstiere sein und ein großes Pensum abarbeiten, solange es keine größeren Irritationen gibt. Dabei denken und handeln sie häufig ausgesprochen praktisch.

Als Trainer scheinen sie sich vor allem für Nachwuchsmannschaften zu interessieren.

Ruhige tragen ihre **Ringe** vor allem am Ringfinger und manchmal auch am Mittelfinger.

In der klassischen Lehre der Temperamente entspricht die ruhige Persönlichkeit in etwa dem „Phlegmatiker". Alfred Adler beschreibt ihn so:

„Phlegmatiker scheint nun durchwegs jener zu sein, der dem Leben fremd ist, Eindrücke sammelt, ohne daraus besondere Konsequenzen zu ziehen, auf den nichts mehr Eindruck macht, den nichts sonderlich interessiert, der auch keine besonderen Kraftanstrengungen macht..."

Hier wird eher ein Krankheitsbild beschrieben als eine Persönlichkeit. Deswegen kann die Lehre der Temperamente auch nur ein Ausgangspunkt für das System der Persönlichkeitstypen sein. So beschäftigt sich dieses Buch auch nur in einem einzigen Fall („der österreichische Briefbomber", Seite 186/187) mit einem psychisch Kranken, alles andere bezieht sich auf normale, psychisch gesunde Menschen[8].

[8] Die Bezeichnung „psychisch gesund" ist gewagt, denn was das genau ist, lässt sich nicht definieren. Gemeint sind alle Menschen, die im landläufigen Sinn als „normal" gelten und sicherlich die allermeisten von denen, die in eben diesem Sinn als „schrullig", als „Sonderlinge" oder „Außenseiter" gelten.

Bild: Das Hobby einer ruhigen Persönlichkeit: dekorative Figuren. Sie werden aus Sperrholz ausgesägt und bemalt. Sie lassen sich an fast jedem beliebigen Ort als kleiner, freundlicher Blickfang aufstellen und eignen sich bestens als Geschenk für andere ruhige Persönlichkeiten.

Wahre Begebenheiten mit Ruhigen

Beziehung als Lebensretter

In einem Gespräch schilderte mir eine ruhige Persönlichkeit eine Reihe von unglaublichen Schicksalsschlägen, die sie in den vergangenen Jahren getroffen hatten: Tod des Ehepartners, wirtschaftlicher Zusammenbruch, Zerwürfnisse im privaten Bereich und vieles mehr. Ich kam nicht umhin, sie zu fragen, wie sie denn das alles überhaupt überleben konnte. Ihre schlichte Antwort: „Ich habe Freunde".

Sie nervt ihren Chef in bester Absicht

Eine ruhige Sekretärin erzählt: „Neulich habe ich in einem Seminar erfahren, dass ich meinen Chef nerve, wenn ich seine Fragen genau und vorsichtig beantworte, wenn ich die Dinge erkläre. Er will ein einfaches Ja oder Nein. Und Freundlichkeiten will er überhaupt keine". Der Anteil an Kämpfern in der Gruppe der Chefs muss wirklich hoch sein.

Der Ärger muss raus

Eine ruhige Persönlichkeit macht bei einer politischen Versammlung ihrem Ärger darüber Luft, dass man auf die Gemeinheiten der politischen Konkurrenz mit Rücksicht auf die öffentliche Wahrnehmung nicht energischer reagiert. Der kämpferische Vorsitzende fällt ihr dabei mehrfach ins Wort und erklärt ihr, warum das Vorgehen vernünftig ist. Er verletzt damit die Gefühle der ruhigen Persönlichkeit, denn die wollte einfach ihrem Ärger Luft machen, den Gefühlsstau abbauen, auch einmal schimpfen. Er machte ihr also klar, dass sie ihre Gefühle zu Unrecht hatte.

Lieber ausweichen als angreifen

Zwei sitzen in der Kneipe beieinander. Der eine spielt ständig mit seinem Schlüsselbund, das ständige Klickern und Klackern geht seinem ruhigen Nachbarn mächtig auf die Nerven. Der droht ihm: „Wenn du nicht bald damit aufhörst, dann gehe ich nach Hause“.

Immer mit der Ruhe
Ein ruhiger Unternehmer will in der Nähe eines Wohngebiets ein Firmengebäude errichten. Ähnliche Einrichtungen befinden sich bereits in der Nähe und Beeinträchtigungen für die Anwohner sind ausgeschlossen. Trotzdem regt sich massiver Widerstand in der Bevölkerung mit Unterschriftenaktionen etc.. Der Unternehmer unternimmt deshalb erst einmal nichts. Nach einem Jahr, als niemand mehr an die Sache denkt und alle sich wieder abgekühlt haben, baut er unbehelligt.

Typische Zitate von Ruhigen

"Am liebsten würde ich es allen recht machen - und am Ende sind alle sauer auf mich."

„Ich bin harmoniesüchtig“

Gemeinsamkeiten von Ruhigen und Offenen

Atmosphäre

Nachdem beide gefühlsbetonte Menschen sind, brauchen beide eine positive Atmosphäre, um sich zu entfalten und ihre Möglichkeiten auszuschöpfen. Negative Stimmungen in der Gruppe wirken lähmend auf sie, auf Ruhige noch mehr als auf Offene.

Mittelpunkt Mensch

Beiden ist der Mensch am wichtigsten, sie mögen nicht unter Bedingungen leben oder arbeiten, bei denen sie keinen Kontakt zu Menschen[9] haben oder wo Menschen unfair behandelt werden. Lob, Anerkennung und Dankbarkeit von anderen sind für sie häufig wichtiger als Geld.

Gefühle

Die Gefühle, von denen beide sehr stark bestimmt sind, darf man ihnen nicht streitig machen. Das klingt banal, wird aber immer wieder falsch gemacht. Sie müssen spüren, dass man ihre Gefühle (Ärger, Furcht, Freude etc.) achtet. Teilen muss man sie keineswegs unbedingt.

Genuss

Ganz allgemein sind beide für die schönen Dinge des Lebens (Essen, Plaudern und alles andere, was mit angenehmen Gefühlen verbunden ist) sehr zu haben. Sie sind ihnen oftmals wichtiger als beruflicher Erfolg und materieller Wohlstand.

Wenn es die Umstände zulassen, nehmen beide durchaus gern auch längere Urlaube. Ruhige sind dabei wegen der Kosten dann allerdings wieder etwas zurückhaltender als Offene.

---

[9] Ruhige mögen zwar nicht so gern „Außenkontakte", aber ganz allein für sich sind sie auch nicht gern. Sie arbeiten lieber mit anderen zusammen.

Oben schaut ein offenes Kind in die Kamera,
unten ein ruhiges.

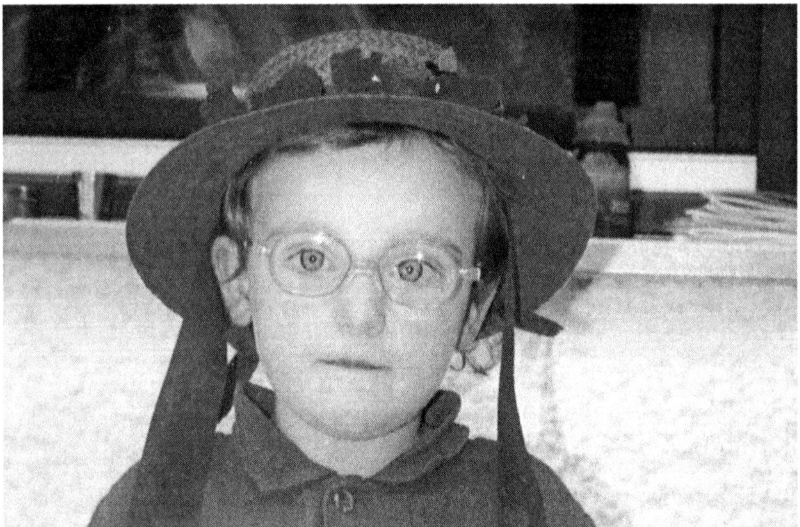

Die Tendenzen des gründlichen Persönlichkeitstyps

Es bleibt keiner ungestraft, der zu hastig vorandrängt
(Jesus Sirach 11,10)

Das Ambiente von Gründlichen ist eher **sachlich geprägt**. Manche dekorieren ihr Büro oder Zuhause gern mit Modellen aller Art, z.B. von Autos oder Flugzeugen, mit technischem Spielzeug und mit alten Maschinen, seien es Schreibmaschinen, Computer ältesten Baujahrs oder was auch immer. Auch große Bücherwände sind bei ihnen sehr beliebt.

Bild: Der Arbeitsplatz einer gründlichen Persönlichkeit: unspektakulär und zweckmäßig, denn im Mittelpunkt steht die Arbeit selbst. Auch die Bücherwand ist typisch.

Dabei sind Gründliche dann wirklich **informiert** über die Bücher, die sie besitzen. Sie haben sie gelesen, sie haben sie verstanden und sie wissen oft noch den Verlag, die Auflage und jede Menge sonstige Details. Und natürlich horten sie auch Unterlagen aller Art.

Ihre Kleidung ist wie die Einrichtung nicht nach der letzten Mode, meist auch nicht nach der vorletzten. Bei beidem schauen sie aufs Geld, also fällt beides eher **schlicht** aus. Dies gilt in gleicher Weise fürs Auto. Gründliche legen wenig Wert auf Prestige, deshalb kaufen sie ihr Auto nicht nach der Marke. Im Vordergrund stehen Zweckmäßigkeit, Sparsamkeit und Sicherheit.

Auch finanzieller Spielraum bedeutet **Sicherheit**. Gründliche geben deshalb gern weniger Geld aus, als sie einnehmen. Ihnen fällt es leichter als anderen, auf etwas zu verzichten, wenn ihnen der Preis nicht angemessen erscheint oder wenn es ihre Geldreserven zu sehr beanspruchen würde. Sie sind in materiellen Dingen eher genügsam.

Zwar ist Gründlichen die äußere Form nicht so wichtig (siehe Kleidung), trotzdem sind sie bemüht, im Umgang mit anderen die Form zu wahren, sie sind eher **taktvoll**. Sie würden andere Menschen nicht absichtlich bloßstellen oder verletzen. Als eher unpersönliche Menschen haben sie allerdings nicht die feinen Antennen einer ruhigen Persönlichkeit, deshalb greifen sie etwas leichter auch einmal daneben als diese.

Gründliche sind äußerst **korrekt** in allen Angelegenheiten. Sie rechnen alles bis in die kleinste Kleinigkeit ab und würden niemals zu ihren oder zu Gunsten Anderer etwas auf- oder abrunden. Dies hält sie aber nicht davon ab, eigennützig zu denken und zu handeln. Hierbei tun sie sich deutlich leichter als Ruhige, weil ihr Mitgefühl weniger ausgeprägt ist. Handeln, das sie als unmoralisch oder ungeschickt empfinden, ist ihnen allerdings auch zuwider.

Gründliche interessieren sich für fast alles, jedenfalls für den sachlich-technischen Aspekt daran, sie gelten als ausgesprochen **neugierig**. Sie nehmen wie kein anderer alle Informationen in sich auf und vergleichen sie mit ihrem Wissen. Ungenauigkeiten und Widersprüche lassen sie nicht durchgehen.

Andererseits sind sie für **Argumente** vielleicht zugänglicher als andere. Während Kämpfer oder Offene ein ihnen nicht genehmes Argument unter Umständen einfach beiseite wischen, denken sie erst darüber nach und akzeptieren es, wenn es ihnen gut durchdacht erscheint.

Gründlichen ist jede Art von **Improvisation** suspekt. Viele äußern sich nicht zuletzt deshalb lieber schriftlich als mündlich. Ihre schriftlichen Äußerungen sind dann in der Regel auch sehr gut, aber nicht immer leicht zu lesen.

Gründliche sind häufig deutlich **in sich gekehrt**. Sie haben wenig Bedürfnis, sich mit anderen Menschen auszutauschen, wenn es über das rein Sachliche hinausgeht. Deshalb bevorzugen sie auch eindeutig solche Aufgaben, die sie „im stillen Kämmerchen" erledigen können. Ständige Zusammenarbeit und Kommunikation mit anderen ertragen sie nur widerwillig.

Sie sind in der Regel eher gut organisiert, legen aber auf perfekte **Organisation** bzw. Ordnung keinen Wert. Das Chaos einer ausgeprägt offenen Persönlichkeit ist ihnen zwar zuwider, aber auch sie finden Organisation nicht attraktiv, sie bietet ihnen lediglich eine gewisse Sicherheit. Soweit sie diese Sicherheit oder Erleichterung ihrer Arbeit erlangen, organisieren sie sich bereitwillig. Weiter reicht die Liebe aber nicht.

Wem die Genauigkeit so wichtig ist, der übertreibt natürlich oft in den Augen der anderen. Deshalb gelten Gründliche oft als **Prinzipienreiter**. Wenn sie überzeugt sind, dass sie in einer Sache besser Bescheid wissen als ein anderer, dann rücken sie von ihrem Standpunkt nicht ab. Allerdings ist ihnen die Leidenschaft fremd, mit der z.B. ein Offener seine Position vertreten würde, sie sehen die Dinge ziemlich nüchtern. Damit ist auch klar, dass Optimismus nicht zu ihren Stärken gehört.

Gründliche sind keine Machtmenschen. Eine **Führungsrolle** streben sie üblicherweise nicht an. Die mit dieser Funktion verbundenen Aufgaben im Bereich der Verwaltung und Kommunikation wären nicht nach ihrem Geschmack. Sie beschäftigen sich lieber intensiv mit Sachthemen. Sie sind deshalb eher bestrebt, ihren Einfluss bei der Meinungsbildung geltend zu machen. Sie reden gern und kompetent mit bei der Frage, mit welcher Methode eine Sache angegangen werden soll, was zu berücksichtigen ist etc.

Bild: Eine gründliche Persönlichkeit. Das (gestellte) Foto entstand anlässlich eines Berichts über den hier abgebildeten Heimatforscher. Mit den Händen hält er einen Ordner, der einen Teil seiner Forschungsergebnisse enthält. Ein interessantes körpersprachliches Detail ist der Mittelfinger der rechten Hand, mit dem er den Deckel des Ordners zuhält. Er drückt damit aus, dass er sich mit seiner Arbeit persönlich stark identifiziert, wie im nächsten Absatz beschrieben. (Zum Mittelfinger siehe Seite 90).

Auch hier gilt: Weder Fotograf noch Fotografierter ahnten damals, dass dieses Foto einst in diesem Buch erscheinen würde.

Gründliche nehmen sich selbst nicht ganz so wichtig, für sie steht eher ihre **Arbeit im Mittelpunkt**. Dies mag ein Grund sein, weshalb man dann auch ihre Arbeit mehr zu schätzen weiß als ihre Person. Das grämt sie immer ein wenig. Und entsprechend geht ihnen das oft etwas plumpe Machtgehabe typischer Kämpferpersönlichkeiten ziemlich auf die Nerven.

Eigenmächtiges Handeln ist ihnen einigermaßen fremd. Sie erledigen ihre Aufgaben gewöhnlich so, wie es vereinbart wurde, das ist für sie selbstverständlich und wichtig. Außerdem hätten sie keine Lust, den Streit auszufechten, den sie mit Eigenmächtigkeit auslösen würden. Eher kann es passieren, dass sie wissentlich auch völlig unsinnige Aufträge akkurat ausführen.

Wer nun allerdings glaubt, Gründliche seien die geborenen Formularausfüller, der täuscht sich wiederum. Auch für sie sind Steuererklärung & Co eher lästige Pflichtaufgaben.

Sie verfolgen sehr konsequent ihre Ziele, dabei sind sie eher beharrlich als hartnäckig.

Sie haben eine deutliche Neigung zur Bequemlichkeit, auch bei der Kleidung.

Auch Gründliche sind gute, geduldige Beobachter.

In der klassischen Lehre der Temperamente entspricht die gründliche Persönlichkeit ungefähr dem „Melancholiker". Alfred Adler beschreibt ihn als

„den ausgesprochen zögernden Menschen, der sich nicht zutraut, Schwierigkeiten zu überwinden und vorwärts zu kommen, sondern mit größter Vorsicht seine weiteren Schritte einleitet, lieber stehen bleibt oder umkehrt, als etwas zu riskieren . ..."

Auch zu diesem „Krankheitsbild“ gilt das bei der ruhigen Persönlichkeit Gesagte: Es gibt nur eine Grundtendenz wieder. Auf eine normale gründliche Persönlichkeit trifft es nicht in dieser Weise zu.

Bild: Portrait einer gründlichen Persönlichkeit

Wahre Begebenheiten mit Gründlichen

„Er weiß zu viel"
Ein Gründlicher (Ingenieur) kommt zu der Einsicht, dass ihn seine Kinder nicht gern etwas fragen, weil er ihnen nicht nur das antwortet, was sie wissen wollen, sondern alles, was er darüber hinaus im jeweiligen Zusammenhang für erwähnenswert hält. Und das ist meistens ziemlich viel.

Mit dem Taschenrechner in den Supermarkt
Ein Gründlicher geht nach einem Abend mit reichlich gutem Essen mit dem Taschenrechner zum Einkaufen. Allerdings nicht, um Preise zu vergleichen, sondern um die Kalorien nachzurechnen, weil er die „Sünden" des Vorabends einsparen muss.

So genau geht es nicht
Bei einem Ausflug einer größeren Gruppe mit teils körperlich, teils geistig, teils nicht Behinderten überlegte der Organisator (Mischtyp gründlich-kämpferisch), wie man beim Minigolf sicherstellen kann, dass alle Punkte korrekt gezählt werden. Eine Teilnehmerin (ruhiger Typ), mit der ich seit über 20 Jahren verheiratet bin, klärte ihn auf: „Die Punkte sind vollkommen egal, die meisten können sowieso nicht nach den Regeln spielen. Wir haben unseren Spaß, nur das zählt." Es wurde eine fröhliche Partie.

Argumente zählen/genaues Analysieren
Ich führte eine längere Diskussion mit einem Gründlichen über das Thema „deutsche Rechtschreibung". Er war mit der Reform durchaus zufrieden, die Dinge waren in seinen Augen nach wie vor gründlich genug geregelt. Ich vertrat die Position, alles sei nach wie vor viel zu kompliziert und diene vor allem als Unterscheidungskriterium zwischen besser und weniger gut Gebildeten. Diesen gesellschaftlichen Aspekt hatte er wie die meisten bisher nicht beachtet. Bei einem späteren Treffen

kam er darauf zurück mit den Worten: „Du meinst also, Rechtschreibung ist ein wenig so wie Krawattentragen“. Er fasste damit treffend zusammen, was ich gemeint hatte: Eigentlich völlig überflüssig aber sehr wichtig.

Der spontane Gag

Bei einem Live-Auftritt einer Kabarett-Truppe wurde ich Zeuge, wie eine Kämpfer-Persönlichkeit einen spontanen, ziemlich guten Witz machte. Während das Publikum lachte, stieg seinem gründlichen Partner die Röte ins Gesicht. Er wusste nicht, wie er reagieren sollte, es war ihm ziemlich peinlich. Es fiel ihm nichts dazu ein, Spontaneität ist nichts für Gründliche. Bei anderer Gelegenheit sagte dieser Gründliche über sich, er sei kein Kabarettist, sondern Kabarett-Darsteller.

„Waldspaziergang“

Ein Gründlicher hat die Angewohnheit, bei Feiern Bekannte anzusprechen, ob sie mit ihm ein Stück spazieren gehen. Abseits des Trubels kann er sich dann ungestört mit ihnen über Dinge unterhalten, die ihm wichtig sind. Und natürlich entsprechend ausführlich.

Vorsicht kann Spaß machen/Korrektheit

Zitat: „Ich habe einfach Spaß an Doppeldeutigkeit und Ironie. Aber gelogen habe ich nie, noch nicht einmal in der Schule abgeschrieben.“ (ein Gründlicher über sich selbst)

Genauigkeit

Zitat: (Kommentar eines Gründlichen, der die Rohfassung dieses Buches gelesen hat, zu der Aussage: „Die Genauigkeit ist sein Leben, er ist häufig Ingenieur oder Buchhalter.“) „Nicht die Genauigkeit an sich ist mein Leben, sondern eher das Verständnis der Welt auf genauer Grundlage. (Einwand, der nun wieder als Genauigkeit gewertet werden kann, ich weiß.)“

Auto/Prestige
Zitat: „Ein einfaches Auto bedeutet auch Freiheit. Bei einem teuren Schlitten muss ich immerzu Angst haben, dass er einen Kratzer oder sonstigen Schaden davonträgt. Bei meinem Auto ist mir das egal.“ (ein Gründlicher über sein Auto)

Perfektionismus
Zitat: „Der ist so perfektionistisch, dass es Frauen nicht bei ihm ausgehalten haben, weil sie nicht perfekt genug waren.“ (Ein Ruhiger über einen Gründlichen)

Kontakt mit Fremden
Ein Gründlicher bekennt, dass er lieber mit dem Auto fährt als mit der Straßenbahn, weil ihm die große Nähe zu Fremden unangenehm ist.

Schematische Darstellung der vier Grundtypen[10]

Wer es bis hierher geschafft hat, dem sollten zu den verschiedenen Persönlichkeitstypen entsprechende Personen eingefallen sein. Ob es sich dabei um Personen aus dem eigenen Umfeld handelt oder um Prominente aus den Medien, spielt keine Rolle.

Angenommen, diese Personen befänden sich in einem Raum, der nach den Himmelsrichtungen ausgerichtet ist, wie unten abgebildet (ggf. Namen mit Bleistift eintragen).

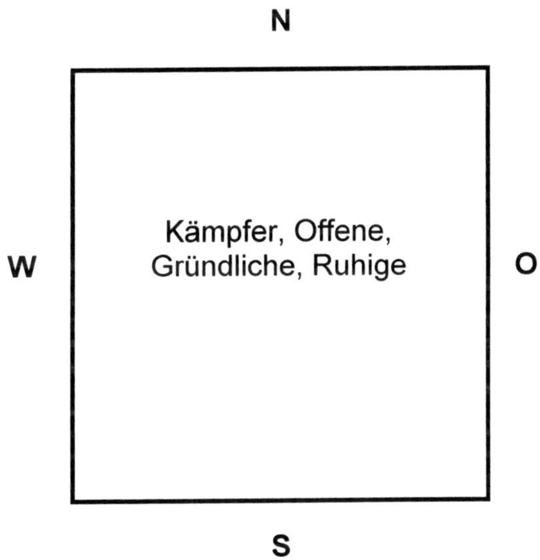

[10] Das Folgende mag dem einen oder der anderen etwas umständlich erscheinen. Es hat sich aber herausgestellt, dass diese Art der Darstellung schlussendlich für alle Leser/innen verständlich war. Deshalb wurde sie so gewählt.

Wenn man nun alle Personen mit viel Zutrauen zu sich selbst[11] bitten würde, sich an der Ostwand aufzustellen, dann fänden sich da die Offenen und die Kämpfer wieder.

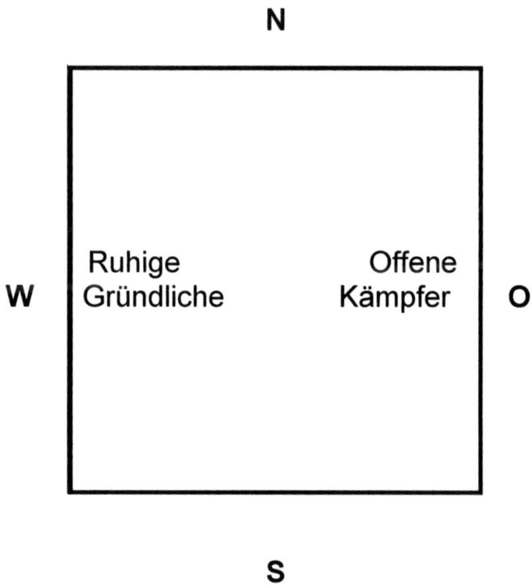

Entsprechend würden sich die Personen mit dem geringeren Zutrauen zu sich selbst (Ruhige und Gründliche) an der Westwand aufstellen.

Bäte man nun alle Personen mit einem großen Zutrauen zu anderen, sie mögen sich am nördlichen Ende „ihrer" Wand aufstellen, so würden sich dann die Ruhigen in der nordwestlichen Ecke wiederfinden (also oben links) und die Offenen in der nordöstlichen (oben rechts).

Entsprechend müssten sich dann die beiden Gruppen mit dem geringeren Zutrauen zu anderen nach Süden orientieren. Die

[11] Siehe das Kapitel „unterschiedliche Wirklichkeiten" von Seite 13 ff.

Gründlichen fänden sich dann in der südwestlichen Ecke (unten links) wieder und die Kämpfer in der südöstlichen (unten rechts).

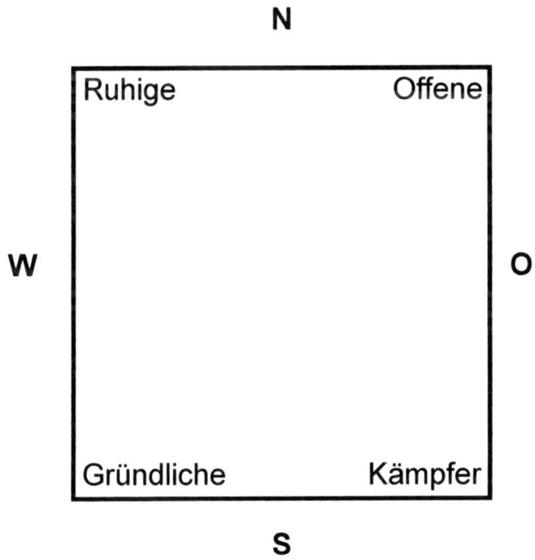

Im Weiteren ist es einfacher, die Himmelsrichtungen durch die Begriffe oben, unten, links und rechts zu ersetzen. Damit ist ausdrücklich keine Wertung verbunden.

In der oberen Hälfte des Bildes befinden sich also jetzt die beiden Persönlichkeitstypen mit dem großen Zutrauen zu anderen, nämlich die Ruhigen und die Offenen. Sie haben einen sehr wichtigen gemeinsamen Wesenszug, sie sind beide sehr gefühlsbetont. Die beiden Typen von der unteren Hälfte sind das „Gegenteil“ davon, sie haben wenig Zutrauen zu anderen, sie sind eher sachlich-nüchtern.

Die beiden Persönlichkeitstypen von der linken Hälfte haben wenig Zutrauen zu sich selbst. Damit geht einher, dass sie grundsätzlich vorsichtig sind. Entsprechend sind die Persönlichkeiten von der rechten Hälfte die mit dem großen Zutrauen zu sich selbst, sie sind eher zupackend.

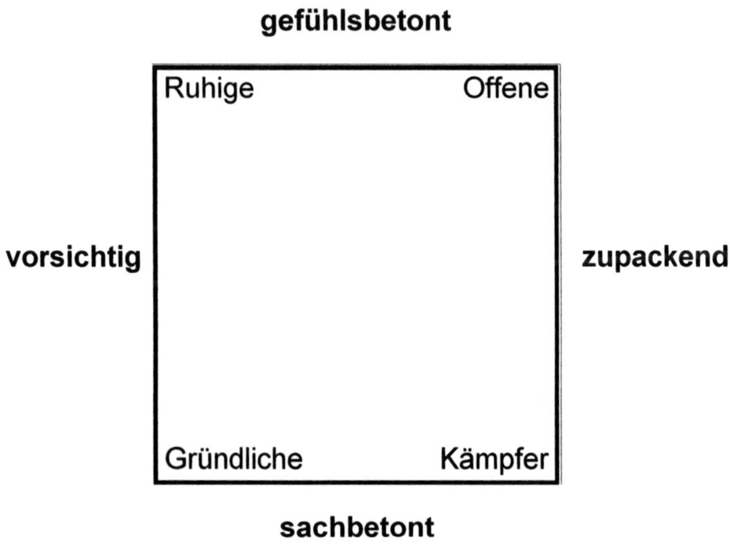

Wo im Weiteren von Persönlichkeiten der oberen, unteren, linken oder rechten Hälfte die Rede ist, wird immer von diesem Schema ausgegangen.

Die wichtigsten Unterschiede zwischen den Persönlichkeiten der linken und der rechten Hälfte

Schnelligkeit
Kämpfer und Offene sind in der Regel schneller als Ruhige und Gründliche. Das heißt, sie sprechen schneller, sie gehen schneller usw. Auch mit dem Essen sind sie meistens eher fertig.

Zupacken
Rechtsseitige Persönlichkeiten sind zupackend. Das merkt man häufig schon beim Händedruck. Sie drücken ziemlich fest. Menschen von der linken Seite drücken in der Regel sanft oder gar nicht. In der gleichen Weise greifen Kämpfer und Offene bei sich bietenden Gelegenheiten gern schnell zu, die anderen überlegen lieber etwas länger.

Lautstärke/Auffälligkeit
Die zupackenden Persönlichkeiten von der rechten Seite sind insgesamt auch lauter. Sie sprechen lauter, sie treten selbst beim Gehen häufig lauter auf und sie treten insgesamt mehr in Erscheinung. Ruhige und Gründliche sind entsprechend leiser und fallen weniger (gern) auf.

Bestimmtheit
Die Lautstärke ist auch Ausdruck von Bestimmtheit. Rechtsseitige Persönlichkeiten sind deutlich stärker zielgerichtet (Kämpfer noch sehr viel mehr als Offene), sie mögen es nicht, wenn man sie steuern will, sie bestimmen die Richtung selbst.

Oberflächlichkeit
Es ergibt sich aus dem bisher Gesagten, dass Kämpfer und Offene eher oberflächlich sein müssen. Wer schnell, laut und zupackend ist, dem entgehen Feinheiten, leise Töne und Details. Die eher detailorientierten Persönlichkeiten von der

linken Seite mögen es dagegen gern, wenn man die Dinge ausbreitet und genau betrachtet. Gegenfragen sind ihnen deshalb in der Regel willkommen.

Rechtsseitige Persönlichkeiten erledigen die meisten Aufgaben auch eher oberflächlich, die Linksseitigen versenken sich eher gern darin.

Entscheidungs- und Risikofreude
Wenn man sich nicht so sehr um die Details kümmert, dann tut man sich natürlich mit dem Entscheiden leichter. Rechtsseitige Persönlichkeiten messen Risiken eine geringere Bedeutung bei. Entsprechend bekommt man von ihnen schnelle Entscheidungen, bei den linksseitigen dauert es meistens deutlich länger. Deren Entscheidungen sind dafür deutlich besser durchdacht und meistens das Risiko gut abgewogen. Sie brauchen ein höheres Maß an Sicherheit, sonst können sie sich nicht entspannen. In einer von Unsicherheit oder Unklarheit geprägten Atmosphäre können sie keine gute Leistung erbringen.

Initiative
Üblicherweise sorgen die rechtsseitigen Persönlichkeiten dafür, dass die Dinge in Bewegung kommen. Sie sind bereit, die Verantwortung zu übernehmen, von ihnen geht meistens die Initiative aus. Da kann es auch leicht passieren, dass sie nachts um zehn Uhr oder am Wochenende noch jemand anrufen, weil ihnen gerade etwas sehr Wichtiges oder Tolles eingefallen ist. Ähnlich rasch erlischt allerdings auch ihr Interesse an der Sache wieder. Linksseitige würden gute Ideen oder andere wichtige Dinge aufschreiben und bei passender Gelegenheit als Vorschlag oder Memo einbringen.

Faustregel: Die rechtsseitigen Persönlichkeiten bringen die Dinge in Bewegung, die linksseitigen bringen sie zu Ende.

Vorgehensweisen
Da die Persönlichkeiten von der rechten Seite sich weniger vor Risiken fürchten, sind sie auch eher bereit, neue Wege zu gehen, etwas Neues auszuprobieren, Aufgaben auch unkonventionell zu lösen. Kämpfer lösen dabei in der Regel Sachaufgaben erfolgreicher und Offene eher die personenbezogenen.

Vertreter der linken Seite bevorzugen bewährte Vorgehensweisen, mit denen sie keinen Ärger riskieren, selbst wenn sie schief gehen, weil sie ja an sich bewährt sind.

Witze und andere Späße
Bei den Vertretern der rechten Seite fallen alle Arten Späße oft etwas derb aus. Bei Offenen kann man hier kaum etwas falsch machen. Über einen Spaß, den sie nicht gut finden, gehen sie einfach großzügig hinweg. Bei Ruhigen und Gründlichen landet man leicht im Fettnäpfchen, bei Kämpfern sollte man abwarten, bis sie selbst den ersten Witz gemacht haben, weil man nicht sicher sagen kann, ob sie überhaupt Witze mögen. Ruhige lachen gern, wenn sie sich in der Situation wohl fühlen, aber alle Arten Späße sollten vor allem bei ihnen immer die Menschenwürde achten.

Faustregel: Linksseitige schnappen leicht ein, Rechtsseitige leicht über.

Öffentlichkeit
Für Rechtsseitige kann die Aufmerksamkeit anderer eine regelrechte Droge sein. Oft lassen sie sich auf alles Mögliche ein, nur um im Mittelpunkt zu stehen. Linksseitige dagegen sind oft recht gern allein. Schon als Kinder fielen sie häufig dadurch auf, dass sie sich stundenlang ganz allein mit etwas beschäftigten. Rechtsseitige waren meistens schon als Kinder immer auf der Suche nach Gefolgschaft.

Luxus, Statussymbole

Teure, schöne Sachen sind in erster Linie eine Erscheinung der rechten Seite, wobei Offene noch einen höheren Anteil ihres Geldes dafür ausgeben als Kämpfer, allerdings verdienen Kämpfer meistens mehr. Die reinen Statussymbole sind aus psychologischer Sicht Machtsymbole und deswegen für Kämpfer wichtiger als für Offene. Letzteren ist im Zweifel der Spaß an den Dingen wichtiger als das Prestige. Die Persönlichkeiten der linken Seite halten ihr Geld besser zusammen. Sie sparen bei solchen Aufwendungen allerhand.

Wahre Begebenheiten mit links- und rechtsseitigen Persönlichkeiten

„Mahnung“ 1
Eine gute Bekannte, die immer bei unserem Ferienprogramm für die Kinder der Gemeinde mitmacht, hatte mir von einer ihrer Veranstaltungen Bilder zukommen lassen, zur Veröffentlichung im Internet. Ich hatte die Veröffentlichung verbummelt, deshalb stand sie wenige Tage später bei mir vor der Haustür, um mir die Bilder nochmals zu bringen. Eindeutig eine rechtsseitige Persönlichkeit.

„Mahnung“ 2
Eine andere gute Bekannte, die mir einen Text zur Veröffentlichung hatte zukommen lassen, schrieb mir eine Mail, aus der ich erst nach mehrmaligem Lesen entnehmen konnte, dass ich bei der Veröffentlichung versehentlich ihren Namen als Autorin nicht angegeben hatte. Eine ruhige (linksseitige) Persönlichkeit.

Pilawa
Nachdem ich einige Sendungen von „Das Quiz mit Jörg Pilawa“ gesehen hatte, zog ich eine Bewerbung in Erwägung. Zwei Personen aus meinem persönlichen Umfeld kamen dafür in Frage. Die erste, eine linksseitige, winkte sofort ab mit der Begründung: „Die machen dich unter Umständen fertig, wie das z.B. Stefan Raab mit einer jungen Frau wegen ihres Namens gemacht hat“. Die andere, eine rechtsseitige Person, sagte umgehend zu. Die Bewerbung scheiterte schließlich an meinen unzureichenden Fachkenntnissen im Bereich der Vorabendserien.

Buch
Einen Gründlichen aus meinem persönlichen Umfeld fragte ich, wie weit er mit seinem Buch sei, an dem er seit ca. zwei Jahren schrieb. Seine Antwort: „Ich brauche noch ca. drei bis

fünf Jahre". Es geht um die Herkunft sämtlicher Ortsnamen eines Landkreises in Bayern, dafür braucht man in der Tat mehrere Jahre.

Das vorliegende Buch entstand im Sommerloch 2005 innerhalb von ca. vier Monaten. Die Idee entstand Ende Mai und reifte innerhalb einer Woche zum Entschluss. Die Ausführung begann Anfang Juni.

Natürlich sind die beiden Bücher nicht miteinander zu vergleichen. Der interessante Unterschied besteht darin, dass ein Gründlicher (also Linksseitiger) sich ein solches Mammutwerk überhaupt vornimmt. Ein Offener (Rechtsseitiger) täte das wahrscheinlich nicht, es würde ihm zu lange dauern und das Thema wäre ihm vermutlich zu trocken. Dagegen ist das Thema „Mensch" so schwammig, dass es einen Gründlichen abschreckt. Nichts ist wirklich klar belegbar oder vorauszusagen. Bei der Bearbeitung dieses Themas würde ein Gründlicher sich fühlen, als müsste er einen Pudding an die Wand nageln[12].

Anzumerken bleibt, dass das vorliegende Buch dann doch erst ein Jahr später fertig wurde, weil es eben nicht die Stärke der offenen Persönlichkeit ist, einmal angefangene Dinge dann auch konsequent abzuschließen.

---

[12] Sein Kommentar nach der Lektüre der Rohfassung dieses Buches: „Einspruch: Es würde jenen speziellen Gründlichen nicht abschrecken, aber es wäre für ihn ein wahres Mammutwerk, vor allem, weil keine der Fragen, die sich im Laufe der Zeit auftun, ausgelassen werden dürften. Im Gegenteil, gerade das Finden von neuen Fragen könnte den Spaß ausmachen und die wissenschaftliche Fundierung für die möglichen Antworten dazu. Allerdings ist abzusehen, dass bei solchem Vorgehen wenig nur herauskommt und die Geduld anderer allzu sehr belastet wird, nicht zu reden vom geringen Sofortwert der Sache.

Klein oder groß
Im Lauf der Jahre mussten meine Frau und ich natürlich viele gemeinsame Entscheidungen treffen. Typischerweise ging es dabei oft um die Frage, wie groß oder klein etwas sein soll (Küche, Terrasse, Wohnzimmer, Auto etc.). Dabei war immer ich für die größere Variante und meine Frau für die kleinere. Interessanterweise einigten wir uns mal auf das kleinere (Wohnzimmer, Auto), mal auf das größere (Terrasse, Küche). Rückblickend betrachtet sind wir beide der Meinung, dass wir jeweils die richtige Entscheidung getroffen haben. Das Zusammenwirken einer linksseitigen und einer rechtsseitigen Persönlichkeit scheint sich immer wieder zu bewähren.

Autos
Wir besuchen in einer größeren Gruppe eine Informationsveranstaltung bei einer öffentlichen Bildungseinrichtung. Auf dem Parkplatz verabschieden wir uns nach einer kurzen Nachbesprechung von zwei ebenfalls anwesenden Abgeordneten. Der eine, ein Kämpfer, besteigt seinen ziemlich neuen Audi A6. Der andere, ein Ruhiger, seinen ziemlich betagten Golf.

Linksseitige „versenken“ sich gern
Zitat: „Einen Tag lang ungestört lesen“ (ein Ruhiger auf die Frage nach seiner Lieblingsbeschäftigung)

ruhig

Wirklichkeit:
Ich –
Andere +

Schwerpunkt: **Beziehung**

Stil: **persönlich**

Typ: **Freund, Betriebsrat**

Tendenzen Ich –

langsam(er) (Gang, Sprache, Entscheidungen)
vorsichtig(er) (Händedruck)
leise(r) (Stimme, Auftreten)
zurückhaltend (empfindlich gegen Druck und Aufdringlichkeit)
gründlich (kleinere Schritte, gern Gegenfragen)
zuverlässig
gewissenhaft

Tendenzen Ruhige

warmherzig (Atmosphäre)
beständig (Aufgaben)
geduldig
ausgleichend
sagt schwer nein
braucht Beziehung (entscheidet nach Sympathie, leicht zu enttäuschen)

gründlich

Wirklichkeit:
Ich –
Andere –

Schwerpunkt: **Regeln, Fakten**

Stil: **sachlich**

Typ : **Ingenieur, Buchhalter**

Tendenzen Gründliche

neugierig (interessiert sich für alles)
präzise (keine ca.-Angaben)
Zahlenfanatiker
"Prinzipienreiter" (nur Fakten zählen)
Technikfreak (Ambiente)
pünktlich
ausführlich

im Überblick

Tendenzen Offene

freundlich, offen
begeisterungsfähig (optimistisch, emotionale Entscheidungen)
wenig organisiert (Chaot, hat immer Zeit für Plauderei)
verliert leicht Überblick
Förderer
großzügig

offen

Wirklichkeit:
Ich +
Andere +

Schwerpunkt:
Kommunikation

Stil: **persönlich**

Typ: **Verkäufer, Ausbilder**

Tendenzen Ich +

schnell(er) (Gang, Sprache, Entscheidungen)
zupackend (Händedruck)
laut(er) (Stimme, Auftreten)
bestimmend (keine Gegenfragen)
oberflächlich (große Schritte)

Tendenzen Kämpfer

formal (Kleidung, Ambiente)
sehr organisiert (nur Fakten, Zeitsparer, ordentlich)
aktiv (arbeitet viel, kaum Urlaub, sportlich)
will siegen (will dominieren, „Blut sehen“, manchmal grob, unfair)
fordernd
kein Teamplayer

kämpferisch

Wirklichkeit:
Ich +
Andere –

Schwerpunkt:
Macht, Kontrolle

Stil: **sachlich**

Typ: **Manager, Unternehmer**

Eine Lanze für die Langsamkeit

Wenn es nicht notwendig ist, eine Entscheidung zu treffen, dann ist es notwendig, keine Entscheidung zu treffen
(unbekannt)

Die Persönlichkeiten der linken Seite (Ruhige und Gründliche) pflegen ein geringeres Tempo als die rechtsseitigen. Dies gilt in der westlichen Gesellschaft oft als negative Eigenschaft. Das ist natürlich Unsinn. Niemand kann über seinen Schatten springen und außerdem kommt es eben immer darauf an, worum es geht und wie man mit den Möglichkeiten umgeht. Hier einige Beispiele:

Nicht sofort, sondern zum richtigen Zeitpunkt
Ein historisches Beispiel aus dem alten Rom ist der berühmte Scipio Africanus Cunctator. Den Beinamen „Cunctator“ (Zauderer) erhielt er, weil er im Krieg gegen Karthago nicht sofort die Entscheidung suchte. Er widerstand jeglichem Druck aus Rom und wartete ab, bis sich die Dinge so entwickelt hatten, wie er es geplant hatte. Dann führte er die Entscheidung mit geringen eigenen Verlusten und geringem Risiko herbei. So wurde „Zauderer“ zu seinem Ehrentitel.

„Der Chef entscheidet nichts“
Der Inhaber einer Beratungsfirma, für die ich viele Jahre arbeitete, hatte den Ruf, dass er nicht entscheiden könne. In der Tat ließen Entscheidungen aus dem Chefzimmer oft lange auf sich warten. Manche lästerten darüber, manche ärgerten sich, einige verließen die Firma und machten Konkurrenzunternehmen auf. Denen folgten dann andere Mitarbeiter, weil sie sich in diesen neuen Firmen „professionellere“ Arbeitsbedingungen erhofften. Aus heutiger Sicht hat der Inhaber mit seiner Vorsicht Recht behalten. All die „Neugründungen“ gingen früher oder später in den Konkurs, obwohl sie sich oft genug der Ressourcen der alten Firma bedienten. Die „Mutterfirma“ existiert noch heute. Dabei wurden auch als „unproduktiv“ einge-

schätzte Mitarbeiter in der Regel nicht gekündigt und durften sich im Rahmen ihrer Möglichkeiten nützlich machen.

Einmal darüber schlafen
Als typische rechtsseitige Persönlichkeit traf ich früher häufig Fehlentscheidungen, bis ich nicht zuletzt unter dem Einfluss meiner Frau dazu überging, Dinge mit einer gewissen Tragweite erst zu entscheiden, wenn ich mich wieder „abgekühlt" hatte, also frühestens am nächsten Tag. Das hat uns im Lauf der Jahre viel Geld und Nerven gespart.

„Hätte ich mich lieber in die Hängematte gelegt"
Als Berater von Firmenkunden habe ich im Lauf der Jahre immer wieder die fast wortgleiche Geschichte von dem „fatalen Auftrag" gehört: „Alles musste ganz schnell gehen, der Kunde machte enormen Druck. Wir erbrachten Vorleistungen, taten auch ansonsten unser bestes. Dann war alles plötzlich ganz anders, es gab Streit und am Ende saß ich auf einem Verlust, der die Gewinne aus fünf anderen Aufträgen auffraß." Hätten sie sich stattdessen in die Hängematte gelegt, wäre das Jahresergebnis deutlich besser ausgefallen.

Auch Kämpfer schätzen Langsame
Ein kämpferischer Geschäftsfreund beschäftigte in der Rechnungsabteilung eine ruhige und eine rechtsseitige Persönlichkeit. Die Ruhige war ihm deutlich lieber. Zitat: „Die schafft in ihrer ruhigen Art unheimlich viel weg, die andere macht zu viel Wind".

Napoleon scheitert an russischer Verzögerungsstrategie
Hartnäckig hält sich das Märchen vom frühzeitigen Wintereinbruch, an dem angeblich der Russland-Feldzug Napoleons gescheitert sein soll. Aber das ist Unsinn.

Das geschah wirklich: Napoleon überfällt im Sommer 1812 spontan und ohne Kriegserklärung Russland mit einer Armee, die der russischen weit überlegen ist. Die russische Armee stellt sich dem Angreifer deshalb nicht entgegen, sondern weicht immer wieder aus, und lässt bei diesen Manövern nichts zurück, was der Feind brauchen könnte. Man lässt die Angreifer schlicht ins Leere laufen. Als Napoleons Armee schließlich am 14. September in Moskau ankommt, hat man zwar die Hauptstadt „erobert", aber die Vorräte sind so gut wie aufgebraucht, Beute ist nicht zu machen, denn Moskau brennt. Zu diesem Zeitpunkt ist der Feldzug verloren, ohne dass es überhaupt zu einer Schlacht gekommen wäre.

Denn nun muss sich die französische Armee fast ohne Proviant auf den Rückweg machen, geschwächt vom Hunger und zermürbt von ständigen Angriffen aus dem Hinterhalt. Es ist ein milder Herbst, nur nachts gibt es manchmal leichten Frost. Die Pferde erfrieren nicht, wie Napoleon nach Paris berichtet, sie verhungern. Weil man keine Zugpferde mehr hat, muss man einen großen Teil des Materials zurücklassen und wird für den Gegner zur leichten Beute. Als der Kälteeinbruch schließlich kommt, ist von den über 700.000 Soldaten nur noch ein kleines Häufchen übrig.

Wir haben es also wieder einmal, wie so oft, mit einer dreisten Fälschung zu tun, in die Welt gesetzt von Napoleon selbst, um seinen Ruf zu retten. Typisch für einen Kämpfertyp, der er als Feldherr fast zwangsläufig gewesen sein muss, ist das Argument der höheren Macht, auf die man keinen Einfluss hat. Bis zum heutigen Tag glauben die meisten Menschen dieses "Wintermärchen". Beispielhaft ist an dieser Geschichte auch, dass Kämpfer oft den Fehler begehen, zu glauben, dass andere auf die gleiche Weise kämpfen wie sie, also sozusagen nach ihren Regeln. Wer ihnen diesen Gefallen nicht tut, kann oft erfolgreich gegen sie bestehen.

Weitere Erkennungsmerkmale

Für einen guten Umgang mit den verschiedenen Persönlichkeitstypen ist ein frühzeitiges Erkennen von enormer Bedeutung. Deshalb beschäftigen wir uns im Folgenden mit weiteren Merkmalen, die sich gut beobachten lassen.

Erkennungsmerkmal Sprache

Im Bistum Eichstätt gibt es wie wohl auch andernorts eine wöchentlich erscheinende Kirchenzeitung. Die Leserschaft dürfte in etwa ein repräsentativer Querschnitt durch die Bevölkerung sein. Deshalb war es umso überrascher, darin die folgende Passage in einem Artikel über die Bedeutung des Kreuzzeichens zu finden:

„Auch wenn die vorchristlichen Kreuz-Zeichen aus ihren Kontexten heraus für die Menschen vergangener Epochen zu Symbolen wurden, die wir ohne diese Kontexte nicht mit allgemeinen Deutungen definieren können, so bleibt uns dennoch wenigstens eine teilweise empathische Möglichkeit, die lexikographisch festgehaltenen Aspekte durchaus adäquat einzufangen.“

Ich wagte die Übersetzung dieser Passage nicht ohne Wörterbuch. Das Ergebnis: Eine bis ins Detail exakte Aussage. Es muss sich um das Werk eines Gründlichen handeln. Für einen Menschen, für den es nichts Wichtigeres als die Genauigkeit gibt, ist dies die angemessene Ausdrucksweise.

Andere Persönlichkeiten würden sich dem Thema gemäß ihrer anderen Wirklichkeiten auf andere Weise nähern und dies dann auch sprachlich anders ausdrücken. Die folgenden „Übersetzungen“ sind Formulierungsvorschläge, wie man sie den entsprechenden Persönlichkeiten gegenüber wählen könnte. So oder so ähnlich würden sie sich wohl ausdrücken.

Kämpfer: Keiner weiß, was diese alten Kreuzzeichen für einen Zweck hatten. Man kann in alten Texten darüber nachlesen. Teilweise bekommt man Information, teilweise muss man versuchen, es zu erschließen.

Ruhige: Es ist schade, dass wir so wenig von den Empfindungen und Gedanken unserer Vorfahren wissen. Deshalb bleibt auch rätselhaft, was die Kreuz-Zeichen für sie bedeuteten. Zum Glück sind wenigstens einige alte Texte erhalten geblieben. Manches kann man dort nachlesen. Aber vor allem kann man vieles erahnen und erspüren, was sie uns zwischen den Zeilen mitteilen.

Offene: Natürlich weiß heute niemand mehr, was die alten Kreuz-Zeichen für die Menschen damals bedeuteten. Aber es gibt alte Texte darüber. Wenn man die in die Hand bekommt, dann ist das wie eine Zeitreise zu den alten Germanen. Das eine oder andere kann man dann verstehen, aber vieles kann man nur vage erahnen, eigentlich schade.

Sprache wird vom Unterbewusstsein gesteuert

Auch dies ist uns nicht bewusst: Die Worte und Formulierungen, die wir gebrauchen, bekommen wir hauptsächlich von unserem Unterbewusstsein vorgegeben. Berühmte Versprecher wie z.B. „bei der Kassenprüfung sind einige Dinge zum Vor*schwein* gekommen“[13] sind nur besonders gut bekannt und

[13] Ob das wirklich einmal ein Kassenprüfer so gesagt hat oder nicht, ist nicht so wichtig. Es ist ein schönes Bespiel, wie das Unbewusste die Aussage auch dann noch bestimmt, wenn der Mensch bewusst etwas anderes sagen wollte. Was da zum Vorschein gekommen ist, empfindet der Kassenprüfer als Schweinerei, will es aber nicht sagen. Da er es aber meint, schiebt ihm sein Unterbewusstsein eine entsprechende Formulierung unter. Ein verbürgtes Beispiel: Die Schauspielerin Lilli Palmer erzählte, dass sie in ihren späteren Jahren einmal von einem Fan angesprochen wurde mit den Worten „Sie waren doch Lilli Palmer“. Er drückte damit aus, dass sie nicht

spektakulär. Im Alltag sprechen wir täglich Tausende von Wörtern, die können wir nicht alle bewusst wählen. Also legt sie uns das Unterbewusstsein vor und charakterisiert uns damit ähnlich treffsicher wie mit der Körpersprache, der Handschrift und vielem mehr.

Wer Freude an der Sprache hat, findet bei jedem Menschen Formulierungen, die auf den Persönlichkeitstyp hindeuten.

Kämpfer drücken sich bevorzugt sachlich und knapp aus. Sie sprechen von Effizienz und Zielen, sie benutzen Ausdrücke, die von Aktivität, Gestaltung, Sieg und Dominanz erzählen. Feine Differenzierungen wird man selten finden, außerdem sprechen sie hauptsächlich von sich und ihren Aktivitäten. In ihrer knappen Ausdrucksweise machen sie es anderen oft schwer, ihnen zu folgen, ihre Aussagen sind oft unvollständig und setzen häufig beim Hörer zu viel als bekannt voraus.

Die Sprache von **Offenen** ist von Emotionalität geprägt. Sie drückt Optimismus und Begeisterung aus und ist nicht so sachlich und zielgerichtet wie bei Kämpfern. Offene brauchen für den gleichen Inhalt einfach viel mehr Wörter. Sie drücken sich gern bildhaft aus.

Ruhige drücken sich vorsichtig und unaufdringlich aus. Sie benutzen gern das Wort „vielleicht“ und ähnliche. Ihre Sprache drückt vieles auf der Gefühlsebene aus. Sie formulieren gern indirekt und in der Möglichkeitsform.

Gründliche drücken sich vor allem deshalb sehr wortreich aus, weil sie die Dinge genau nehmen. Ihre Art der Vorsicht ist es, am liebsten alles bis ins letzte zu präzisieren und einzu-

---

mehr so aussah, wie er sie aus dem Kino kannte. Auch das wollte er sicherlich auf keinen Fall sagen.

schränken. Ihre Sprache ist von Sachlichkeit und Fachausdrücken geprägt. Dadurch wirken ihre Aussagen oft umständlich.

Scherzfrage: Was meint der fränkische Mundartbarde Günter Stössel mit folgendem Satz: „Heute verbleibt die Speisen-Zubereitungsstätte auf dem Niveau der Außentemperatur dank gebratenen männlichen Jungfederviehs aus der zentralösterreichischen Reichsbaumgemeinschaft“?[14]

---

[14] Den Werbespruch „Heute bleibt die Küche kalt mit Hendeln aus dem Wienerwald“.

Erkennungsmerkmal Körpersprache

Körpersprache drückt Gefühle aus

Das lateinische Wort „Emotion" für Gefühl(säußerung) bedeutet, wenn man es in seine Bestandteile zerlegt, „Herausbewegung". Das Wort besagt also, dass Gefühle mit Bewegungen einhergehen. Gesteuert werden diese Bewegungen vom Unterbewusstsein. Ein interessantes Beispiel ist beim „lügenden Arzt" (Seite 29/30) beschrieben, der sich beim Lügen die Hand vor den Mund hält, weil sein Unterbewusstsein meint, er sollte eben doch lieber den Mund halten. Hier hat der Ausdruck seinen Ursprung.

Auch viele andere Ausdrücke im Deutschen gehen auf Körpersprache zurück, so z.B. wenn man von jemand sagt, er sei hochnäsig. Die hohe Position der Nase entsteht, indem man dem anderen zum Zeichen der eigenen Überlegenheit die ungeschützte Kehle zeigt.

Wir halten uns beim Gähnen die Hand vor den Mund, weil Gähnen eine versteckte Drohgebärde ist, denn man zeigt dabei die Zähne, eine wichtige natürliche Waffe. Man kann dieses Verhalten gut auch z.B. bei Hunden und Katzen beobachten, wenn sie in Verlegenheit geraten. Und auch Menschen gähnen oft aus Verlegenheit.

Körpersprache ist (auch) Ausdruck von Überlebenskampf

Viele körpersprachliche Signale sind Relikte aus einer Zeit, als unsere Vorfahren noch nahezu täglich ums Überleben kämpfen mussten. Da waren langsame Reaktionen oft lebensgefährlich. Deshalb übernimmt diese Reaktionen das Unterbewusstsein, weil es viel schneller ist als der Verstand. Und somit reagiert unser Körper auf äußere Eindrücke, lange bevor unser Verstand etwas davon mitbekommt und „verrät" damit durch unsere Körperhaltung, wie wir uns fühlen.

„Haltung“ ist ebenfalls ein schönes Beispiel für körpersprachliche Ausdrücke im Deutschen. Mit der Haltung, die man zu einer Sache hat, ist ursprünglich die Körperhaltung gemeint, die eben das Gefühl ausdrückt, das man mit der Sache verbindet. Und dieses Fühlen bestimmt, wie in der Einleitung beschrieben, dann das Denken und Handeln im ganz überwiegenden Maß. Deshalb ist also unter Haltung zu verstehen, „wie man zu einer Sache steht“, und auch das ist dann natürlich schon wieder eine körpersprachliche Formulierung.

Wie jemand steht
Für das Erkennen von Persönlichkeiten ist vor allem interessant, wie jemand steht. Hier erkennt man am besten die offene bzw. geschlossene Körperhaltung.

Die **geschlossene Körperhaltung** ist die, die im Überlebenskampf den Körper am besten schützt, sie ist also auf Verteidigung angelegt. Die wichtigsten Merkmale sind:

- Kopf einziehen, um Hals und Kehle zu schützen
- Arme eng anlegen zum Schutz des Oberkörpers. In der Extremform entsteht die „Freistoßhaltung“, bei der besonders der Bauchbereich und die Weichteile geschützt werden
- Hüfte nach hinten nehmen, um diesen besonders gefährdeten Bereich möglichst weit aus der Gefahrenzone zu bringen
- Beine zusammen, um die Weichteile auch von unten zu schützen, dabei ggf. auch ein Bein vor dem anderen
- Rücken beugen, um die gesamte „Trefferfläche“ zu verkleinern und nicht zu provozieren
- Seitliche Drehung, aus den gleichen Gründen
- Stehen auf einem Bein, so kann man schneller weglaufen

Die **offene Körperhaltung** ist im Wesentlichen das Gegenteil:

- Kopf hoch, die Kehle liegt frei, Überlegenheits- bzw. Sicherheitsgefühl
- Arme weiter weg vom Körper, die Schutzfunktion wird nicht benötigt. Im Extremfall werden die Arme eingestemmt, das ist eine Imponiergeste
- Hüfte nach vorn bzw. nicht nach hinten, das drückt Sicherheit aus, wie bei der Kehle
- Beine auseinander, Gewicht auf beide gleich verteilt, das ergibt einen festen Stand. Der wird gebraucht, um Kraft auszuüben, z.B. beim Kampf. So steht man z.B., wenn man Holz hackt.
- Rücken gerade, um das Erscheinungsbild zu vergrößern und zu imponieren
- Frontalstellung, aus dem gleichen Grund

Die offene und geschlossene Körperhaltung ist jeweils sozusagen der Extremfall. In der Praxis hat man es fast immer mit Abstufungen dazwischen zu tun, d.h. es treffen nie alle Elemente auf einmal zu. Die geschlossenere Haltung wird tendenziell eher von den vorsichtigen Personen der linken Seite eingenommen, die offenere entsprechend eher von den zupackenden Personen der rechten Seite. Siehe hierzu auch das Kapitel „körpersprachlicher Vergleich zwischen einer offenen und einer ruhigen Persönlichkeit“ auf Seite 97.

„Raumgreifende Persönlichkeiten“

Je offener die Körperhaltung, desto mehr Raum nimmt man fast automatisch auch ein. Wer z.B. sehr breitbeinig steht, wer im Sitzen die Beine und/oder Arme weit ausfährt, der beansprucht viel Raum. Dies ist praktisch der gleiche Hinweis wie die offene Körperhaltung. Also ein Hinweis auf eine Persönlichkeit von der rechten Seite.

Er beansprucht wenig Steh-Platz

Er schon mehr

Er ziemlich viel

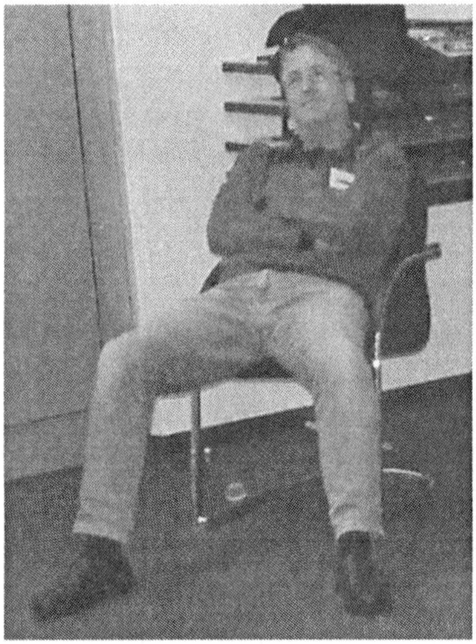

Er nimmt sich viel Sitz-Platz

Die sitzende Person auf dem rechten unteren Bild verschränkt die Arme. In diesem Fall handelt es sich allerdings nicht um angelegte Arme im Sinn einer geschlossenen Körperhaltung, sondern das Verschränken signalisiert Inaktivität (hört zu).

Faustregel: je mehr Platz jemand beansprucht, desto sicherer fühlt er sich und desto wahrscheinlicher ist er eine Persönlichkeit von der rechten Seite. Je weniger Platz jemand beansprucht, desto wahrscheinlicher ist seine Zugehörigkeit zur linken Seite.

Drohgebärde Oberlippe
Wenn man die Oberlippe hochzieht, dann legt man dadurch die Eckzähne frei. Diese Zähne sind heute beim Menschen zwar recht unauffällig, aber die einschüchternde Wirkung ist geblieben, ähnlich dem Runzeln der Augenbrauen (siehe nächster Absatz). Im Ansatz ist diese Geste speziell bei Machtmenschen zu sehen.

Der **Hut** ist ein altes Machtsymbol ersten Ranges, das auch in mehreren Redewendungen vorkommt z.B. „alles unter einen Hut bringen". Damit ist der Hut des Anführers gemeint, unter dem sich die ganze Gruppe zusammenfindet. Aus Wilhelm Tell kennt man den „Gesslerhut", den man auch zu grüßen hatte, wenn kein Gessler darunter war. Auch die vor allem in Österreich gebräuchliche Redewendung „da habe ich den Hut drauf" besagt, dass man Macht über etwas hat.[15]

---

[15] Körpersprachlich geht der Hut auf unsere äffische Vergangenheit zurück. So wie heute noch der Gorilla als Imponiergeste die Kopfbehaarung aufstellen kann, indem er die Stirnhaut zusammenzieht, um den Kopf größer aussehen zu lassen, so konnten das wahrscheinlich auch unsere Vorfahren. Deshalb wirkt Stirnrunzeln imponierend oder bedrohlich. Die aufgestellte Behaarung (Richtung nach oben) ersetzt heute der Hut. Eine ähnliche Funktion haben wohl auch Frisuren, die den Kopf nach oben hin vergrößern. Es ist klar: Imponiergesten stehen immer nur den ranghöheren Mitgliedern einer Gemeinschaft zu. Deswegen tragen Fürsten Kronen, darum tragen Päpste und Bischöfe imposante Kopfbedeckungen und deshalb gehört zu jeder Uniform eine Mütze.

In Deutschland und England hat man dagegen eher „den Daumen drauf“. Die Bedeutung ist die gleiche, auch der Daumen ist ein Machtsymbol. Bei dominanten Menschen beobachtet man häufiger als bei anderen, dass sie den Daumen deutlich abgespreizt halten. Und was für den Daumen gilt, das gilt für den Zeigefinger in ganz ähnlicher Weise. Ein interessantes Anzeichen für Machtmenschen sind auch Ringe, die sie an Daumen oder Zeigefinger tragen. Es sind also Hinweise auf Persönlichkeiten von der rechten Hälfte[16].

Die linksseitige Persönlichkeit hält den Daumen meistens unauffällig

Die rechtsseitige spreizt ihn häufig deutlich ab

Es mag vielen seltsam erscheinen, aber auch die weiteren Finger stehen tatsächlich für unterschiedliche Wesenszüge von Menschen. Wer es nicht glaubt, möge das folgende trotzdem lesen und einmal eine Weile lang seine Mitmenschen daraufhin beobachten. Es ist in der Tat verblüffend.

Der **Mittelfinger** steht für Selbstverwirklichung. Ein Ring an diesem Finger bedeutet, dass die Person sich selbst wichtig nimmt und noch einiges vorhat, also mit sehr viel höherer Wahrscheinlichkeit jemand von der rechten als von der linken Seite. Oft kann man auch beobachten, dass Menschen nach

[16] Heute noch gebräuchliche Ersatzdaumen als Machtsymbol sind z.B. das Zepter und der Bischofsstab.

ihrem Mittelfinger greifen und ihn leicht massieren, wenn sie über sich und ihre Leistungen oder Pläne sprechen. Es hat dieselbe Bedeutung wie ein Ring.

Ein Ring am **Ringfinger** steht für die nach wie vor wichtigste und stärkste Bindung, die wir eingehen können, für die Ehe. Der Ringfinger ist der Gefühlsfinger, die Ehe vor allem eine Gefühlsbindung. Andere Ringe als der Ehering an diesem Finger sind Hinweise auf eine gefühlsbetonte Persönlichkeit von der oberen Hälfte.

Der **kleine Finger** steht für den Wunsch nach Anerkennung oder Gefallen oder allgemein für die Tendenz „nach außen", d.h. er steht für die Einstellung, dass seine Besitzer eine positive Grundhaltung gegenüber allen Menschen hat. Wird er abgespreizt oder hier ein Ring getragen, dann ist dies ein ziemlich deutlicher Hinweis auf eine offene Persönlichkeit.

Die Hände

Wenn die Handteller nach oben gehalten werden, ist das ein Hinweis auf Offenheit. Mit locker gehaltenen Fingern greift man gleichsam nach dem anderen, wie im Vergleich der zwei Referenten (Seite 42-44) gezeigt. Also Hinweise auf menschenorientierte Persönlichkeiten von der oberen Hälfte. Faust und „Karatehand" sind Hinweise auf Entschlossenheit, Wut oder Zwang, den man ausüben möchte und deuten damit eher nach rechts.

Die Füße

Wenn die Fußspitzen beim Stehen oder Sitzen nach innen zeigen, ist dies auch wieder ein Hinweis auf einen vorsichtigen Menschen. Genau genommen ist dies wohl Teil der geschlossenen Körperhaltung.

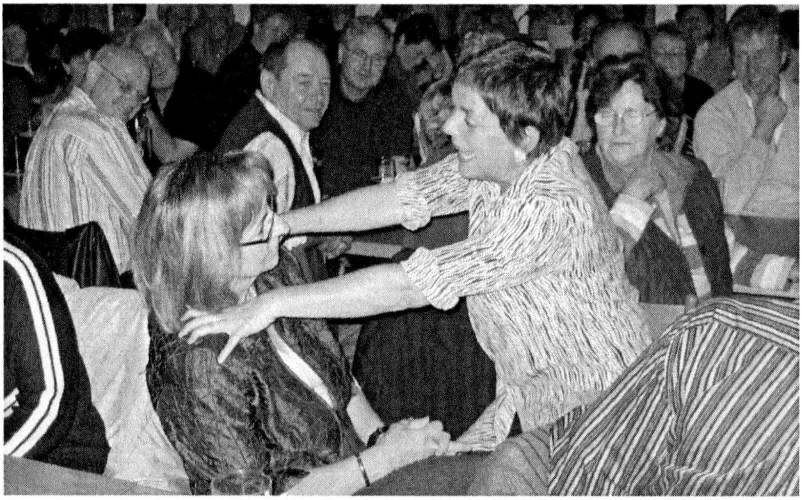

Unterhaltungskünstler sind meistens offene Persönlichkeiten. Deshalb tritt bei ihnen oft der kleine Finger in Erscheinung (auf allen drei Bildern). Wären sie nicht dominant, dann könnten sie ihr Publikum kaum beherrschen (Daumen, oben links abgespreizt, oben rechts schaut er aus der Hosentasche). Und Selbstverwirklichung ist immer mit dabei, wenn etwas vor Publikum passiert (Mittelfinger mit riesigem Ring, oben links).

Gang
Die eher oberflächlichen Typen von der rechten Seite neigen zu einer großen Schrittweite, mit der sie gleichsam über die Details hinwegsteigen. Außerdem sind sie in der Regel schneller unterwegs als die eher vorsichtigen, detailorientierten Persönlichkeiten von der linken Seite.

Bewegungsrichtungen
Ein ganz allgemeines Signal für Dominanz sind von oben nach unten ausgeführte Bewegungen. Die Hand, die man jemandem auf die Schulter legt, das bekannte „Abwinken" oder nach unten weisende Finger sind nur drei von vielen Beispielen. Sie weisen auf Persönlichkeiten von der rechten Seite hin.

Spannung
Auch Anspannung und Entspannung sind körperlich zu verstehen. Wer angespannt ist, dessen Muskeln sind angespannt. In einer brenzligen Situation bedeutet das einen unter Umständen lebensrettenden Zeitvorsprung beim „Zuschlagen oder Abhauen". Wie schon beschrieben, kann man Anspannung besonders bei Kämpfern beobachten, sie macht sich auch in der etwas schneidend wirkenden Stimme bemerkbar.

Die Körperhälften

Die Linke kommt von Herzen
(Volksweisheit)

Die linke Körperseite eines Rechtshänders ist dem Gefühl zugeordnet, die rechte dem Verstand. Wenn also ein Mensch die linke Hand unter dem Tisch oder in der Hosentasche versteckt, dann ist das ein Hinweis darauf, dass er Gefühlsregungen unterdrückt oder momentan keine besonderen Gefühle hat. Wenn jemand die rechte Hand versteckt, ist das ein Hinweis auf unterdrückte Information. Die unbeteiligte Linke ist somit ein Merkmal, das man speziell bei den sachbezogenen Typen von der unteren Hälfte häufiger beobachten kann. Bei Linkshändern sind die Seiten genau vertauscht.

Dieser kurze Überblick soll genügen. Körpersprache ist von einer überwältigenden Vielfalt und kann ohnehin nicht erschöpfend behandelt werden. Deshalb beschränken wir uns hier auf das wichtigste im Zusammenhang mit Persönlichkeitstypen und verweisen ansonsten auf die entsprechende Literatur[17].

Vorsicht ist immer geboten

Bei der Deutung von Körpersprache ist immer Vorsicht geboten. Viele Signale sind nicht eindeutig, es können äußere Umstände wie Wärme, Kälte etc. wirken und auch körperliche Behinderungen (z.B. X-Beine, schiefe Hüfte, verkürzte Beine etc.) können zu Fehldeutungen führen. Und schließlich: Man soll andere nie auf ihre körpersprachlichen Signale ansprechen, das würde sie extrem verunsichern! Stattdessen soll man sie lieber still zur Kenntnis nehmen und einfühlsam darauf reagieren. Damit ist allen am besten geholfen.

---

[17] Alle wichtigen Fragen beantwortet Samy Molcho in „Alles über Körpersprache“, Mosaik Verlag ISBN 3-576-11678-8

Zur Vertiefung: Krank durch Körpersprache
Der Gefühlszustand eines Menschen drückt sich, wie gesehen, körperlich aus. Das geschieht, indem der Körper sich sozusagen „in Stellung bringt". Dies wird vom Unterbewusstsein durch Anspannung der entsprechenden Muskeln bewerkstelligt. Wenn sich nun also jemand ständig „verbiegen" muss, wie man gern sagt, so ist das oft tatsächlich verbunden mit Anstrengungen des Körpers zur Veränderung der Oberkörperhaltung. Die Fälle kennen wir alle: Wir sollen unterschiedlichen, oft gänzlich gegensätzlichen Anforderungen genügen (z.B. Arbeitgeber und Familie). Das Ergebnis sind Rückenschmerzen. Oft genug vergehen diese in dem Moment, in dem wir unsere Probleme los sind, wenn wir uns nicht länger verbiegen müssen[18].

Wenn sich jemand durch äußere Einflüsse bedrängt fühlt, dann kann sein Körper darauf auch ähnlich wie auf eine Vergiftung reagieren, also durch Räumung des Magen-Darm-Trakts. Daher kommt vermutlich der volkstümliche Ausdruck „Schiss haben". Wenn jemand „nur" mit Erbrechen reagiert, dann sagt man, die Sache habe ihm „auf den Magen geschlagen", oder er findet sie schlicht „zum Kotzen".

Die berühmte Managerkrankheit heißt natürlich auch nicht zufällig so. Sie entsteht vereinfacht dargestellt so: Das Leben des Managers ist wesentlich von Kampf geprägt. Dieser Kampf findet heutzutage in den seltensten Fällen noch mit körperlicher Gewalt statt, sondern mit Worten und anderen Taten, also meistens unter Berücksichtigung der Regeln von Anstand und Höflichkeit. Fatalerweise für „Managerkranke" reagiert aber ihr Körper so, wie es für einen echten Kampf nötig wäre: Mit Ausschüttung von Stresshormonen, Erhöhung des Blutdrucks, Einstellung der Verdauung etc. Da aber das Kampfgetümmel nicht folgt, für das der Körper sich vorbereitet

---

[18] Das Wort „krank" bedeutet übrigens ursprünglich „krumm" oder „gebeugt".

hatte, entsteht sozusagen ein Bewegungsstau. Dass speziell Kämpfer gern extreme Sportarten betreiben, mit hohem körperlichem Einsatz und der Möglichkeit zu siegen (auch gegen sich selbst), hat vermutlich auch mit diesem Bewegungsstau zu tun.

Von „Krankheit durch Körpersprache" ist grundsätzlich jeder bedroht, dessen Wesen sich nicht in Einklang mit seiner Situation befindet. Dazu einige Beispiele aus Sicht der Persönlichkeitstypen:

- Gründlicher als Verkäufer
- Kämpfer oder Offener als Buchhalter
- Ruhiger als Manager
- Ein Ruhiger und ein Kämpfer müssen eng zusammenarbeiten
- Ein Gründlicher und ein Offener müssen eng zusammenarbeiten

Körpersprachlicher Vergleich zwischen einer offenen und einer ruhigen Persönlichkeit

Bild rechts: Ein Zwillingspaar im Alter von drei Jahren. Das ruhige Kind sitzt links, das offene rechts. Deutlich erkennt man die unterschiedlich offene Körperhaltung. Das offene Kind hält den Kopf höher (die Kehle freier), die Füße weiter auseinander, die Arme verdecken weniger vom Oberkörper.

Bild links: das gleiche Paar im Alter von ca. fünf Jahren. Das ruhige Kind sitzt jetzt rechts, das offene links. Wieder zeigt die Körpersprache das gleiche Bild: Das ruhige Kind hat den Kopf stärker eingezogen und nach vorne geneigt (schützt Hals und Kehle), die Arme verdecken den Oberkörper besser, die Füße sind näher beieinander.

Bild rechts:
die gleichen Kinder im Alter von elf Jahren. Hier kann man die ruhige Persönlichkeit (rechts) an dem stärker eingezogenen Kopf und den hochgezogenen Schultern erkennen.

Diese Bilder zeigen vor allem eines: Dass beide Kinder in ihrem Typ seit dem dritten Lebensjahr unverändert geblieben sind. So stabil sind Wesenszüge.

Hände mit Ringen

Diese Fotos sind gestellt. Da es aber nur um die Positionen der Ringe geht, ist damit keine ernsthafte Einschränkung der Aussagekraft verbunden. Vom Alter der Personen wird nur die erste Ziffer angegeben. Gruppe 4 bedeutet demnach z.B. ein Alter zwischen 40 und 49 Jahren.

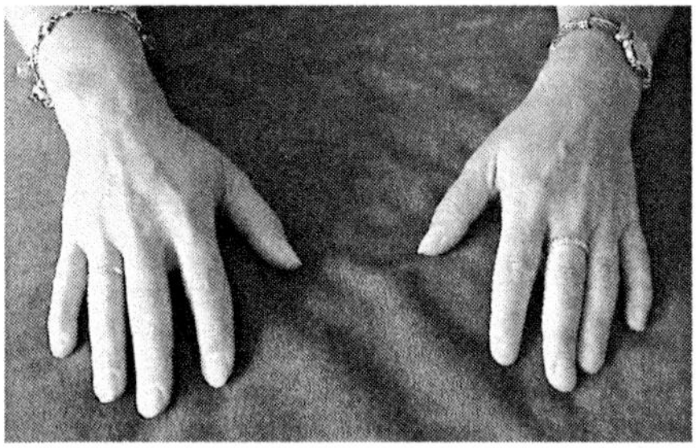

Typ: emotional (obere Hälfte), mit mehr Tendenz nach rechts als nach links (auch Selbsteinschätzung)
Ringe: Ehering, linker Mittelfinger
Altersgruppe: 4
Gelernter Beruf: Lehrerin
Lebenssituation: Verheiratet, drei Schulkinder
Aktivitäten: mehrere Führungsfunktionen im politischen und ehrenamtlichen Bereich, Stadt- und Kreisrätin
Sonstiges: warmherzig, sehr aktiv, sehr kollegialer Führungsstil, hohe Integrationskraft, hoher persönlicher Einsatz.

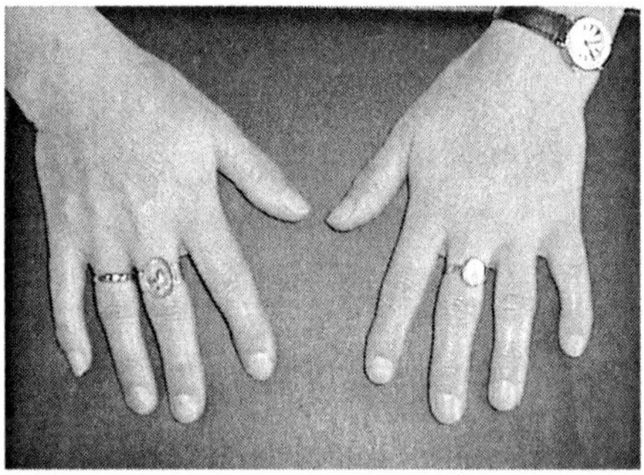

Typ: rechte Hälfte (auch Selbsteinschätzung)
Ringe: Ehering, beide Mittelfinger
Altersgruppe: 4
Gelernter Beruf: Kinderpflegerin
Lebenssituation: Verheiratet, vier Schulkinder.
Aktivitäten: Buchhalterin (Teilzeit), Organisation und Durchführung von Projekten im ehrenamtlichen Bereich, Kirchenchor, Mitglied eines Volksmusik-Trios
Sonstiges: Sammelleidenschaft

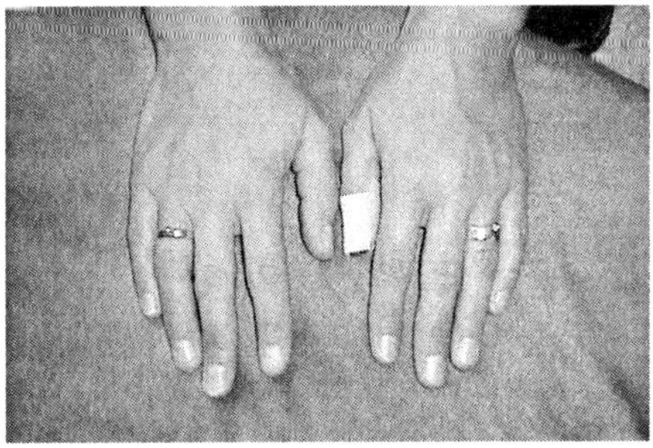

Typ: ruhig
(auch Selbsteinschätzung)
Ringe: beide Ringfinger
(rechts Ehering)
Altersgruppe: 3
Gelernter Beruf: Friseuse
Lebenssituation: verheiratet, drei Schulkinder
Aktivitäten: Kirchenchor, Elternbeirat, Mitarbeit bei ehrenamtlichen Aktivitäten in der Gemeinde, keine Führungsaufgaben.
Sonstiges: Legte ihre Hände zum Fotografieren erst so hin, dass die Daumen teilweise unter den Handtellern versteckt waren (keine Dominanz).

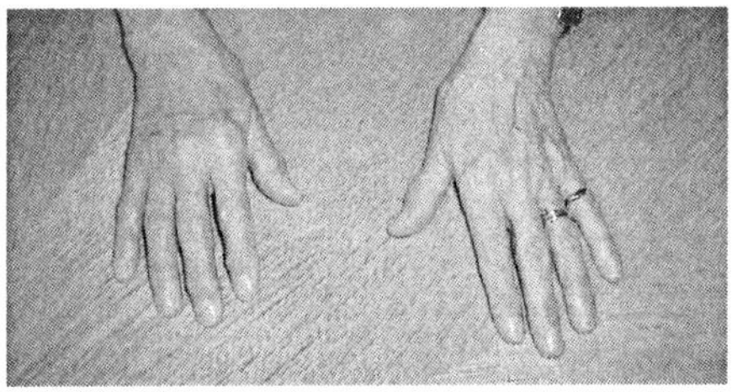

Typ: offen
Ringe: Ehering, kleiner Finger
Altersgruppe: 6
Gelernter Beruf: Industriekauffrau
Lebenssituation: verheiratet, vier erwachsene Kinder
Aktivitäten: Kirchengemeinde, Betreuung von Patienten in der Krebsstation einer Klinik

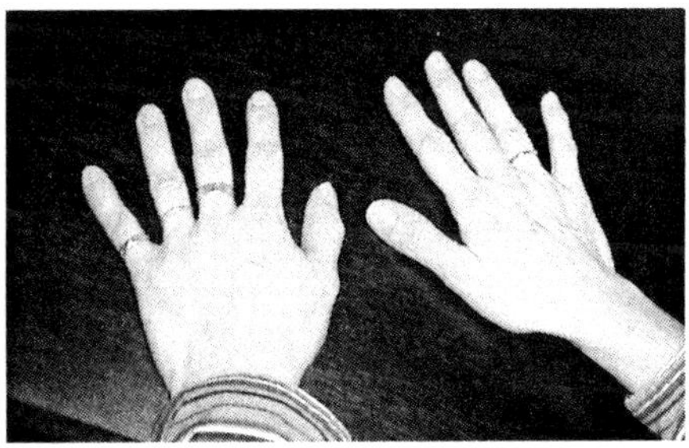

Typ: offen
Ringe: kleiner Finger, beide Ringfinger (dabei Ehering), Mittelfinger
Altersgruppe: 4
Lebenssituation: verheiratet, drei Kinder
Aktivitäten: Politik, Jugendarbeit

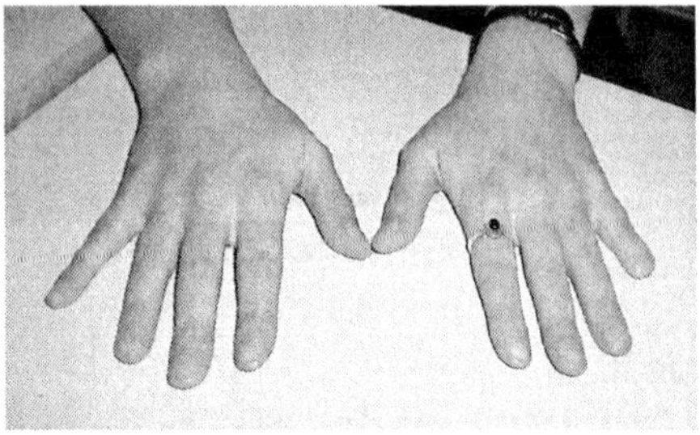

Typ: offen
Ringe: linker Zeigefinger
Altersgruppe: 2
Gelernter Beruf: Sozialpädagogin
Lebenssituation: alleinstehend
Aktivitäten: Betreuerin in einer Anstalt für Gehörlose und Schwerhörige
Sonstiges: Zufallsbekanntschaft. Nimmt es gelassen hin, dass ein Fremder ihr auf den Kopf zu sagt, dass der Ring am Zeigefinger ein Hinweis auf eine Tendenz zum Besserwissen ist. Duzt unbefangen diesen doppelt so alten Fremden. Beschäftigt sich intensiv mit Yoga und Buddhismus.

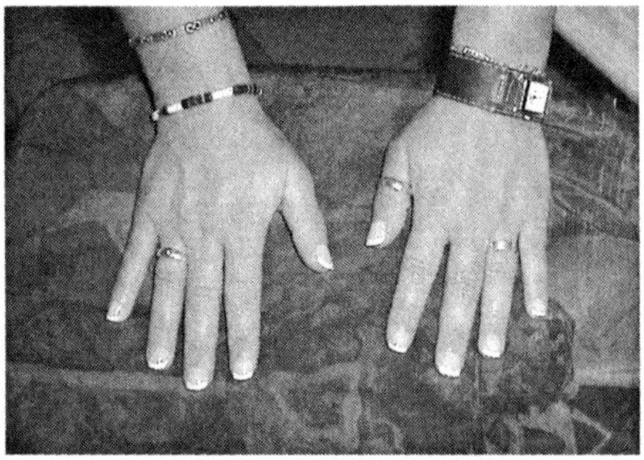

Typ: obere Hälfte
Ringe: Beide Ringfinger, linker Daumen
Altersgruppe: 2
Gelernter Beruf: Fachverkäuferin
Lebenssituation: alleinstehend
Aktivitäten: Leiterin einer Einzelhandels-Filiale
Sonstiges: Zitat: „Der Kundenkontakt macht mir so viel Spaß, dass ich mir keinen anderen Beruf vorstellen kann." Bestätigt Emotionalität und Dominanz, auf die die Ringe hindeuten.

Zusammenfassung

Ringe am Ringfinger sind Hinweise auf eine emotionale Persönlichkeit von der oberen Hälfte, alle anderen Ringe weisen nach rechts, zu den Persönlichkeiten, die sich selbst wichtig nehmen. Und natürlich gilt auch hier: Hinweise sind keine Beweise. Ringe sind auch eine Modeerscheinung und es gibt natürlich Menschen, die aus öffentlich nicht bekannten Gründen Ringe am vermeintlich „falschen" Finger tragen.

Wenn also z.B. ein Kämpfer einen Ring am Ringfinger trägt, dann ist zu vermuten, dass er eine emotionale Seite hat, die aber in der Öffentlichkeit nicht zum Tragen kommt.

Die wenigen Ruhigen in meinem persönlichen Umfeld, die einen Ring am Mittelfinger tragen, sind alle durch die gleiche Krise gegangen: Sie mussten sich von Personen befreien, die sie sonst schier erdrückt hätten. Dazu mussten sie sich selbst sehr viel wichtiger nehmen, als sie das eigentlich täten. Gleichsam als Ausdruck dieser überstandenen Krise tragen sie einen Ring am Mittelfinger.

Kurze wahre Begebenheiten im Zusammenhang mit Körpersprache

Kämpfer schüchtert ein

Bei der Vorstandssitzung eines Vereins musste ein Mitglied wegen Mauscheleien und Intrigen gemaßregelt werden. Ein Kämpfer übernahm die Aufgabe. Er saß dabei nach hinten gelehnt, die Füße nach vorn ausgestreckt und die Arme links und rechts auf den Stuhllehnen aufgelegt. Allein damit schon schüchterte er den anderen so ein, dass dieser keinen Widerstand in der Sache leistete. Ein anderer als ein Kämpfer hätte die notwendige innere Sicherheit nicht so leicht aufgebracht, er hätte vermutlich eine höhere „Beißhemmung".

Die dominante Begrüßung

Ich begegnete im Vorübergehen einem kämpferischen Vereins-Vorstandskollegen. Er erwiderte meine Begrüßung mit „Ach grüß dich" und einer Handbewegung von oben nach unten. Jetzt weiß ich, wo er mich einordnet.

Der dominante Daumen

Ein Kämpfer hielt im Vereinsvorstand einen Vortrag über anstehende Aktionen. Dabei hatte er die Faust mit abgespreiztem Daumen auf dem Tisch stehen, wie im Bild rechts. Ich merkte, dass ich - wohl als Reaktion darauf - den Ellenbogen ausfuhr, also Dominanz mit Imponieren beantwortete.

Bild: Es gehört nicht viel Phantasie dazu, um sich den Daumen als Zepter vorzustellen. So nah ist dieses Machtsymbol am körpersprachlichen Ursprung.

„Die Hand drauf haben“

Ich traf zufällig einen Vereinskameraden, als ich mit dem Fahrrad unterwegs war. Wir hatten ohnehin etwas zu klären, also hielt ich an. Während er mir erklärte, was er von mir braucht, hielt er mit der linken Hand den Lenker meines Fahrrads fest, er nahm es in Besitz und damit mich gleich dazu. Eine offene und damit auch dominante Persönlichkeit. Man sagt im Deutschen so treffend: „Da habe ich die Hand drauf“.

Die Faust auf dem Tisch

Ich unterhielt mich mit einem Kunden, einem Handwerksmeister. Er klagte mir sein Leid, dass die Kunden ihn des immer wieder ausnutzen oder mit haarsträubenden Tricks versuchen, sich vor dem Bezahlen zu drücken. Dabei schlug er ständig mit beiden Fäusten leicht auf den Tisch. Als ruhiger Persönlichkeitstyp ist er in solchen Angelegenheiten ziemlich machtlos und es bleibt ihm nichts anderes, als den Ärger in sich hinein zu fressen. In dieser Situation brach es dann aus ihm heraus.

Kämpfer mit Riesendaumen

In der Tageszeitung sah ich eine größere Annonce von einem Supermarkt, der am gleichen Tag in der Kreisstadt neu eröffnete. Es war auch ein Foto der Belegschaft dabei, man erkannte sofort den Chef. Weniger daran, dass er der einzige Mann war, sondern vor allem an seinem extrem breitbeinigen Stand und dem Tennisschläger als übergroßer Daumen, den er als Warenmuster in der Hand hielt. Die anderen Personen aus der Belegschaft hatten Plüschtiere, Nikolausstiefel oder ähnliches gewählt. Außerdem hatte er sich so hingestellt, dass eine Mitarbeiterin hinter ihm verschwand. Er grenzte sie damit aus.

Erkennungsmerkmal Handschrift

Auch ohne graphologische Ausbildung kann man ein ziemlich sicheres Gefühl dafür entwickeln, ob eine Handschrift zu einer Persönlichkeit von der linken oder von der rechten Seite gehört. Hier einige Beispiele in Originalgröße:

Schriftproben von linksseitigen Persönlichkeiten

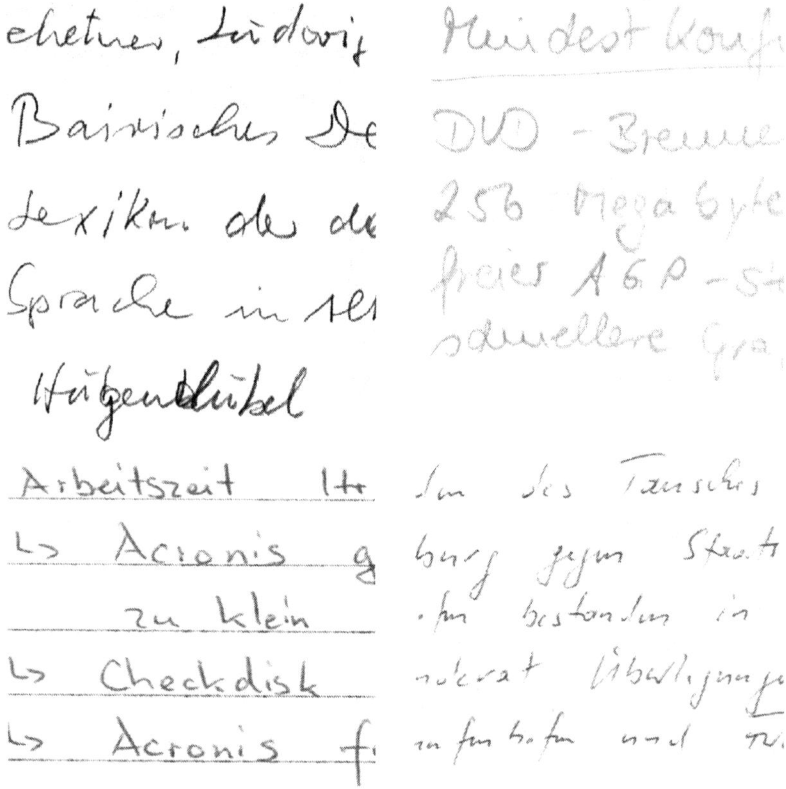

Man sieht den Schriftproben von der linken Seite eine gewisse Vorsicht an, die von der rechten Seite zeigen mehr Schwung oder Energie. Man könnte meinen, die rechtsseitigen Persönlichkeiten nehmen auch mit ihrer Schrift mehr Raum ein (siehe „Erkennungsmerkmal Körpersprache“, Seite 85 ff). Eine weitere rechtsseitige Schriftprobe ist auf Seite 139 abgebildet.

Schriftproben von rechtsseitigen Persönlichkeiten

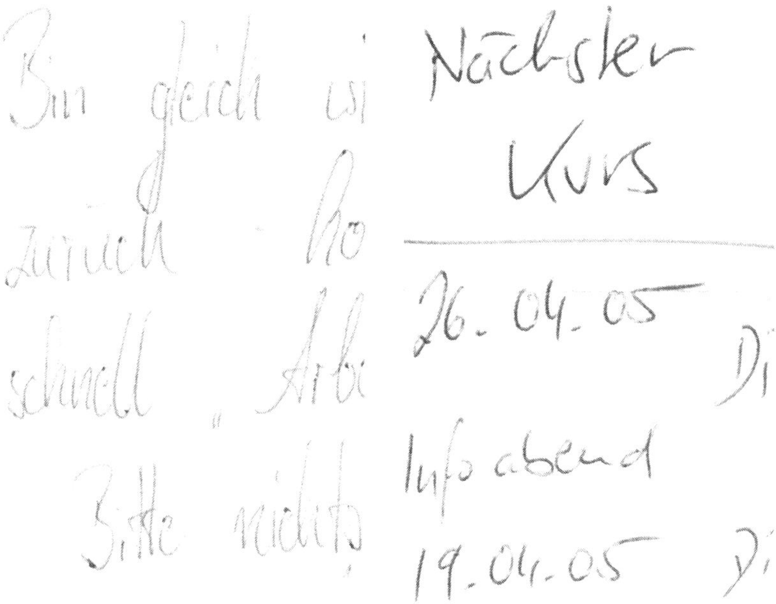

Mit etwas Übung bekommt man ein ziemlich zuverlässiges Gefühl für diese Unterscheidung. Wie alles andere ist aber auch die Schrift nur ein Hinweis. Insbesondere bei Personen, die nicht viel schreiben, muss man vorsichtig sein.

Eine kurze wahre Begebenheit im Zusammenhang mit Handschrift

In einer Behörde hängt ein Schreiben aus, in dem die Belegschaft die Besucher über die internen Prinzipien im Bezug auf Umweltschutz informiert. Am Ende stehen die ca. 20 Unterschriften der beteiligten Personen gemäß Rang von oben links nach unten rechts angeordnet. Entsprechend nimmt die Schriftgröße von oben links (knapp 30 mm) nach unten rechts (ca. 4 mm) ab und die Lesbarkeit zu.

Zur Vertiefung: Wie stabil sind Wesenszüge?

Indem ein Mensch mit den ihm von Natur gegebenen Gaben sich zu verwirklichen sucht, tut er das Höchste und einzig Sinnvolle, was er tun kann.
(Hermann Hesse)

Ein vereinfachender Überblick

Wirklichkeit ist alles, was auf uns einwirkt. Deshalb heißt sie so. Damit etwas wirken kann, müssen wir es wahrnehmen. „Wahr nehmen" sagt aus, dass wir es für wahr nehmen. Es muss nicht wahr sein. Es ist unsere meist unbewusste Entscheidung, dass wir es für wahr nehmen.

Auf unsere Wahrnehmung (vor allem Sinnesreize, also Hören, Sehen, Schmecken, Tasten) reagiert unser Unterbewusstsein mit Gefühlen. In vielen Fällen treffen wir unsere Handlungsentscheidungen ausschließlich nach diesen Gefühlen. Das ist gut so, denn es erspart uns viel Denkarbeit, für die wir oft nicht die nötige Zeit hätten. Wir müssen uns an dieser Stelle daran erinnern, dass das Leben unserer Vorfahren bis vor wenigen Jahrhunderten vom Überlebenskampf geprägt war. Da müssen viele Entscheidungen in Sekundenbruchteilen getroffen werden, dafür ist der Verstand viel zu langsam.

Meist entscheidet das Unterbewusstsein

Dies ist vielleicht auch ein Grund, warum Gefühle so stark sind: Wer ihnen nicht folgte, konnte umgehend tot sein. Noch heute sind wir Menschen nur ganz ausnahmsweise in der Lage, gegen unser Gefühl zu handeln. Wenn wir uns beim Gedanken an eine Sache gut fühlen, dann können wir sie meistens auch ausführen. Fühlen wir uns schlecht dabei, und versuchen es trotzdem, dann wird sie uns meistens auch nicht gelingen. Dieser Wirkmechanismus hat unseren Vorfahren seit Millionen Jahren das Überleben gesichert, er ist nur unter größten Anstrengungen außer Kraft zu setzen.

Auch das Unterbewusstsein lernt sozusagen ständig mit, es wertet die Erfahrungen aus, die wir machen. Dadurch ist die Wahrscheinlichkeit hoch, dass wir Entscheidungen treffen, die zu uns passen. Dies ist von großer Bedeutung für unser Thema. Es bedeutet, dass die meisten Handlungsentscheidungen eines Menschen sozusagen automatisiert sind. Sie bestimmen sein Wesen, auf sie ist beinahe Verlass.

Die moderne Psychologie und die moderne Hirnforschung gehen davon aus, dass das Wesen eines Menschen etwa zur Hälfte bereits durch die Gene festgelegt ist. Ungefähr ein Viertel wird in den ersten drei Lebensjahren vor allem durch die Familie geprägt, das letzte Viertel durch die Gesellschaft.

Die Wesenszüge eines Menschen sind zwar nicht unveränderlich, aber wie gesehen ziemlich mächtig, weil sie nicht seinem Verstand, bzw. seinem Willen gehorchen. Es bedarf einschneidender Ereignisse oder Erlebnisse (positiver oder negativer), damit ein Mensch von seinem Wesen, also seinem Fühlen, Denken und Handeln abweicht.

Das ist für den einen oder die andere vielleicht eine niederschmetternde Erkenntnis. Trotzdem wäre es sinnlos, sie zu leugnen. Jeder kann sich nur in dem Rahmen bewegen, der ihm zur Verfügung steht. Aber darin ist genug Positives, wie der Psychologe Gerhard Roth[19] schreibt:

„Wir können nicht aus eigener Kraft unsere Persönlichkeitsstruktur ändern, wir können uns aber diejenigen gesellschaftlichen Verhältnisse suchen, die am besten zu dieser Struktur passen. Hierin besteht die Autonomie des Menschen.“

---

[19] Gerhard Roth: „Fühlen, Denken, Handeln Wie das Gehirn unser Verhalten steuert“ neue vollständig überarbeitete Auflage Suhrkamp 2003 ISBN 3-518-29278-1

Das heißt, wir können zwar nicht sein, wie wir wollen. Aber jede(r) von uns kann sich Beruf, Freundeskreis, Ehrenamt und Lebenspartner/in suchen, die seinem Wesen entgegen kommen. Hier können wir maßgeblich beeinflussen, wie gut es uns im Leben geht.

Zum Trost sei ein weiteres angefügt: In kleinen Dingen gelingt uns eine Änderung oft trotzdem. Und vor allem: Wir sind zu einem Abweichen am leichtesten von einer anderen Person zu bewegen, zu der wir Vertrauen haben.

Darin liegt nicht zuletzt das Geheimnis erfolgreichen Verhandelns. Das landläufige Klischee besagt, Verhandeln sei so etwas wie Fingerhakeln, wo man versucht, den anderen über den Tisch zu ziehen, ihn mit aller Macht zu etwas zu zwingen, zu feilschen etc. Damit ist aber auf Dauer nicht viel zu erreichen.

Man nehme: Menschen wie sie sind

Erfolgreiche Verhandlungskünstler wie Roger Dawson[20] bevorzugen die „weiche" Methode, wie sie auch das Harvard-Verhandlungskonzept[21] empfiehlt. Sie trennen die Sache von der Person, d.h. sie gehen sanft mit der Person um, bleiben aber in der Sache sehr konsequent. Dahinter steht die Erkenntnis, dass man es mit zweierlei zu tun hat: Mit einer Sache, die man will, und einer Person, die man dafür überzeugen muss.

Die Person ist praktisch unveränderlich, deshalb muss man sie nehmen, wie sie ist. In der Sache dagegen gibt es Spielraum, und den kann man am besten dann ausschöpfen, wenn man in einer Atmosphäre verhandelt, die von dem Willen ge-

---

[20] Roger Dawson: „secrets of power negotiating for salespeople" career press ISBN 1-56414-500-X

[21] Roger Fisher, William Ury, Bruce Patton: „Das Harvard-Konzept" 2 CDs, ISBN 3-593-37525-7

prägt ist, gemeinsam zu einer guten Lösung zu kommen. Dieser Wille wiederum kann nur entstehen, wenn die Verhandlungspartner Vertrauen zueinander haben und genug voneinander wissen. Und ein Verhandlungspartner, der sich von mir akzeptiert fühlt, der mit mir eine gewisse Übereinstimmung spürt, der fasst dieses Vertrauen sehr viel leichter als einer, der glaubt, vor mir auf der Hut sein zu müssen.[22]

Zusammenfassung

Die Wesenszüge von Menschen sind so stabil, dass sie nicht zur Disposition stehen. Dadurch sind sie andererseits ziemlich zuverlässig, was sich kluge, einfühlsame Menschen zunutze machen.

---

[22] Mangel an Vertrauen und/oder Information führt oft in das klassische Gefangenendilemma, wo die Beteiligten wegen eben dieses Mangels nicht die für beide vorteilhafteste Einigung treffen können. Auch dieses Dilemma findet sich ausführlich beschrieben bei Paul Watzlawick in „Wie wirklich ist die Wirklichkeit?".

Teil 2 - Begegnen

Vom Umgang mit den verschiedenen Persönlichkeitstypen

Die fröhliche Begrüßung 1
Ich saß zusammen mit einem Geschäftsfreund an einer Hotelbar, wir warteten bei einer Tasse Kaffee auf den Beginn einer Veranstaltung. Um uns herum saßen ca. 20 weitere Personen, teils an der Bar, teils an den Tischen. Aus einem Nebenraum kam ein Hotelangestellter mit offenem Hemdkragen und ziemlich großen Schritten. In der Hand hielt er einen offenen Aktenordner, so dass jeder hineinsehen konnte. Er kam an der Gruppe Gäste vorbei, in der auch ich mich befand, schaute mir direkt ins Gesicht, grüßte mich mit einem fröhlichen „Guten Morgen“ und ging weiter.

Der Gang mit großen Schritten, die unordentliche Kleidung, der laxe Umgang mit dem Ordner und der fröhliche Gruß sind genug Hinweise darauf, dass es sich auch hier um einen offenen Typ gehandelt haben muss. Und dass er ausgerechnet mich als Offenen begrüßte und sonst niemand, ist sicher kein Zufall. Sein Unterbewusstsein hatte ihm vermutlich signalisiert: „Der ist so wie du, grüße ihn fröhlich!“.

Die fröhliche Begrüßung 2
Ich war zu Besuch bei einer befreundeten Firma, kurz nachdem sie neue Räume bezogen hatte. Die Chefin stellte mich deswegen bei ihrem neuen Nachbarn vor. Die Geschäftsräume des Nachbarn, eines Grafikers, sahen so aus, wie man sich ein Künstlerambiente vorstellt. Die wenigsten Dinge befanden sich an dem Platz, an den sie gehörten. Freie Flächen zum Arbeiten waren nicht in Sicht.

Der Nachbar kam uns entgegen, drückte mir kräftig die Hand und begrüßte mich mit einem fröhlichen, ziemlich lauten „Grüß Gott“ und entschuldigte sich gleich darauf für den Zustand, in dem sich seine Geschäftsräume befanden. Ich meinte dazu: „Na ja, ein kreatives Chaos halt.“

Meine Gastgeberin, ein ruhiger Persönlichkeitstyp, fragte mich später bestürzt, wie ich mir denn so etwas erlauben könne: Gegenüber einem Menschen, den ich nicht kenne, sage ich als erstes etwas über dessen Chaos. „Ich wäre tödlich beleidigt gewesen“, meint sie.

Ich war mir meiner Sache sicher. Ein Offener, der der Nachbar ja ohne jeden Zweifel sein musste, sieht so etwas nicht so eng, schon gar nicht, wenn es von einem anderen Offenen kommt. Schließlich hat er als Paradeexemplar seines Typs selbst ein eher loses Mundwerk. Wir kamen also überein, dass meine Gastgeberin sich bei Gelegenheit bei ihrem Nachbarn erkundigen sollte.

Die Nachfrage ergab schließlich, dass der Nachbar die Äußerung nicht nur nicht übel genommen hatte, sondern dass sie ihm sogar imponiert hatte. Nach seinen eigenen Worten hatte er das als einen gelungenen Spaß aufgenommen und sich darüber amüsiert.

In diesen beiden Fällen nahmen zwei Personen, die sich nicht kennen, sofort einen ungewöhnlich engen Kontakt zueinander auf, weil sie sich auf Anhieb sympathisch waren. Das ist aber die Ausnahme, normalerweise muss man etwas nachhelfen.

Sympathie und Vertrauen

Große Firmen beschäftigen ganze PR-Abteilungen, die nur eine einzige Aufgabe haben: Dafür zu sorgen, dass die Firma und ihre Mitarbeiter in der Öffentlichkeit als sympathisch und vertrauenswürdig wahrgenommen werden. Dieses Geld würden sie sicherlich nicht ausgeben, wenn sie sich davon keinen Nutzen versprächen. Es liegt deshalb nahe, es ihnen gleich zu tun und beim Umgang mit Menschen vor allem auf Sympathie und Vertrauen zu setzen.

Sympathie bedeutet etwas frei übersetzt „Gefühlsgleichheit". Wir Menschen sind zu einem sehr großen Teil von Gefühlen bestimmt. Das heißt, wenn jemand spürt, dass ich ähnlich empfinde wie er, dann will er gern mit mir zu tun bekommen, dann zieht er mich anderen vor. Sympathie hat also in diesem Sinn nichts mit Liebe oder Herzenswärme zu tun. Bei unpersönlichen Menschen von der unteren Hälfte entsteht Sympathie z.B. dann, wenn sie den Eindruck haben, dass der andere Mensch auch kühl und sachlich denkt und handelt.

Vertrauen ist Voraussetzung für alles, was Menschen miteinander und füreinander tun. Selbst Verträge zwischen Firmen können jederzeit fristlos gekündigt werden, wenn das Vertrauensverhältnis gestört ist.

Das ist keineswegs unvernünftig. Menschliches Verhalten ist ein eingespielter Wirkungskreislauf, der von Gefühlen gesteuert wird. Wenn dieser Kreislauf durch Irritationen ins Stocken gerät, dann erreicht man auch nicht viel. Auf Irritationen reagieren wir unter anderem mit zweierlei: mit **Anspannung und Fokussieren**.

Anspannung ist wörtlich zu nehmen. Die Muskeln spannen sich an, weil das Unterbewusstsein (unser „Steinzeithirn") sich auf Kampf oder Flucht vorbereitet. Das heißt, der Körper wird in Alarmzustand versetzt, er soll in kürzester Zeit große Anstrengungen vollbringen können.

Damit einher geht das **Fokussieren**. Damit ist gemeint, der Geist konzentriert sich nur noch auf die mögliche Gefahr, alles andere wird ausgeblendet. Damit ist jede Bereitschaft zu

Kreativität oder außergewöhnlichen Lösungen dahin, das Vertrauen in die andere Person wie in die Sache schwindet.

Dieses Verhalten hat unseren Vorfahren in ihrem täglichen Überlebenskampf sehr gute Dienste geleistet. Auch heute noch ist es sehr nützlich. Ein Mensch, der mit meinen Gefühlen nicht im Gleichklang ist, der hat vielleicht auch von mir und meiner Wertigkeit ganz andere Vorstellungen als ich. Er wird viele Dinge anders einschätzen, andere Prioritäten setzen, er wird das, was ich sage und meine, vielleicht ganz anders auffassen als ich. Kurz gesagt: Er ist für mich nicht berechenbar. Das bedeutet, eine Zusammenarbeit könnte sehr problematisch werden. Deshalb ist auch heute, im Zeitalter von Computer, Klimaanlage und Kaffeemaschine dieser Mechanismus nach wie vor nützlich.

Egal, wie modern auch ein Mensch heutzutage sein mag, er wird immer ein von seinen Gefühlen gesteuertes Wesen bleiben. Allerdings sind diese Gefühle bei jedem Menschen anders, bei Menschen gleichen Typs sehr viel ähnlicher als bei solchen unterschiedlichen Typs.

Gefühlsmissklang

Wenn wir unser Persönlichkeits-Koordinatensystem betrachten, dann stellen wir fest, dass der „Gefühlsmissklang“ in zwei Fällen besonders groß sein muss: Wenn eine kämpferische und eine ruhige Persönlichkeit zusammentreffen oder wenn eine gründliche Persönlichkeit mit einer offenen zu tun bekommt. In diesen Fällen unterscheiden sich beide „Wirklichkeitsfaktoren“ voneinander: Die Sicht auf die eigene Person und die Sicht auf die andere Person.

Im Umkehrschluss ist zu erwarten, dass zwei Personen gleichen Typs besonders gut miteinander klar kommen. Beides bestätigt die Erfahrung. Je unähnlicher sich zwei Personen sind, desto schwerer haben sie es miteinander. Je ähnlicher sie sich vom Wesen her sind, desto besser verstehen sie sich. Und vor allem: desto leichter finden sie Vertrauen zueinander. Dies ist im Weiteren unter zwei Aspekten zu betrachten: Kennenlernen und Annäherung.

Kennenlernen

Wir wollen nicht über die Frage diskutieren, ob ein Mensch sich sein Bild vom anderen in den ersten sieben Sekunden oder den ersten zwei Minuten macht. Aber es geht wohl ziemlich rasch, und wieder einmal übernimmt wohl vor allem das Gefühl die Kontrolle.

Was kann man also tun, um den ersten Eindruck zu verbessern, und soll man das überhaupt? Die Antwort ist eigentlich ganz einfach: Wenn ich fähig bin, mich in einen anderen Menschen hineinzufühlen, dann kann ich auch „Gefühlsgleichklang" herstellen und zu einem harmonischen und erfolgreichen Miteinander finden. Das ist ethisch nicht zu beanstanden. Diese Fähigkeit ist ein Wesenszug, den man erfahrungsgemäß vor allem bei den Persönlichkeiten der oberen Hälfte findet.

Im Übrigen tun wir dies alle schon immer, wir stellen uns ganz selbstverständlich auf andere ein. Wir verhalten uns unterschiedlich, je nach Situation. Wir verhalten uns gegenüber Kindern anders als gegenüber Erwachsenen, gegenüber Frauen anders als gegenüber Männern und gegenüber Freunden und Bekannten anders als gegenüber Unbekannten. Mit Hilfe des Systems der Persönlichkeitstypen können wir dies lediglich noch etwas kompetenter und sicherer.

Im Folgenden besprechen wir zahlreiche Möglichkeiten, einen Menschen möglichst rasch und treffsicher einzuschätzen. Auch hier gilt wieder: Jeder Mensch hat andere Antennen. Deshalb möge sich hier jede(r) das herausnehmen, womit sie/er gut zurechtkommt.

Der erste und der zweite Blick

Bereits die **Körperhaltung** eines Menschen verrät viel über seinen Typ. Das kann man sich häufig zunutze machen, wenn man die Person erst aus der Ferne beobachten kann, bevor man mit ihr Kontakt aufnimmt. Besonders bei Kontaktsuche auf Messen und anderen öffentlichen Veranstaltungen beobachte ich die Menschen, die ich ansprechen kann, erst einmal aus mehreren Metern Entfernung. Personen von der rechten Seite zeigen meistens eine offenere Haltung als jene von der linken Seite. Oft genügt ein einziger Blick, um sich hier ein Bild zu machen. Beispielbilder im Kapitel „Körpersprache".

Ähnlich aufschlussreich ist der **Gesichtsausdruck**. Persönlichkeiten von der oberen Hälfte sind meistens an ihrem freundlichen Blick zu erkennen. Bei Ruhigen gibt es dabei eine Einschränkung. Weil sie erst einmal etwas reserviert gegenüber Fremden sind, kann man sie dann relativ leicht mit Gründlichen verwechseln.

Oft hat man auch Gelegenheit, die **Stimme** wahrzunehmen. Menschen von der rechten Seite sprechen, wie erwähnt, in der Regel lauter als die von der linken Seite. Die personenorientierten Typen von der oberen Hälfte haben in der Regel einen warmen Klang in der Stimme. Dafür kann man leicht ein Gefühl entwickeln.

Anhand von Körperhaltung, Gesichtsausdruck und Stimme kann man also in vielen Fällen den Typ eines Menschen schon ziemlich gut einschätzen, bevor man das erste Wort mit ihm gesprochen hat.

Der erste Kontakt

Sobald man mit der Person Kontakt aufnimmt, ergeben sich weitere Möglichkeiten zur Einschätzung: Dort, wo der **Händedruck** üblich ist, kann er einiges aussagen. Hat man das Gefühl, man sei mit der Hand in einen Schraubstock geraten, dann hat man es wahrscheinlich mit einem Kämpfer zu tun. Eher kräftig drücken auch Offene. Die eher zupackenden Persönlichkeiten von der rechten Seite greifen eben auch bei der Begrüßung kräftig zu. Eher vorsichtige Menschen, also die Persönlichkeiten von der linken Seite, werden dagegen meistens auch die Hand des Anderen nur vorsichtig nehmen, also leicht drücken.[23]

Häufig drücken Menschen ihre **Dominanz** in der Art aus, wie sie die eigene Hand beim Händedruck halten. Wer den Handrücken nach oben hält, hält sich für ranghöher, verhält sich also dominant. Das gleiche gilt, wenn jemand die Hand im Handgelenk nach unten abwinkelt. Wer beim Händedruck die Hand des anderen zu sich heranzieht, ist ein sehr vereinnahmender, dominanter Mensch. All dies sind Hinweise auf eine Persönlichkeit von der rechten Seite.

Der Händedruck allein ist kein verlässliches Kriterium. Zum einen haben manche gelernt, wie man „richtig" die Hand gibt und tun es dann eben wie gelernt und nicht so, wie sie es von sich aus täten. Außerdem gibt es viele gesellschaftliche Bereiche, wo man sich die Hand nur zu Neujahr und zum Geburtstag gibt. Da kann es dann passieren, dass selbst ein Kämpfer einen Händedruck zeigt wie anderenorts ein Gründlicher.

Distanz und Nähe

Vor allem dominante Menschen halten manchmal nicht den in Deutschland üblichen Abstand von einer Armlänge ein, sie „rücken dem anderen auf die Pelle", wie man so sagt. Das tun viele ganz bewusst, um den anderen Menschen zu verunsichern. Vor allem Offene tun es, weil sie eben auch von der Einstellung her keine große Distanz zu anderen Menschen

---

[23] Leichter Druck ist ein Hinweis auf eine vorsichtige, nicht auf eine „schwache" Persönlichkeit, wie immer wieder gern behauptet wird. Solche negativ-wertenden Aussagen kommen vermutlich von Leuten mit einer eher „rechtslastigen" Wirklichkeit.

halten[24]. Den Unterschied spürt man. Vorsichtige Menschen von der linken Seite werden den Abstand zumindest einhalten, manchmal vergrößern sie ihn sogar noch.

Bild: Begrüßung durch ein dominante Persönlichkeit (rechts, siehe abgespreizter Daumen der linken Hand). Deutlich wird der Abstand von einer Armlänge unterschritten. Die Person links im Bild reagiert darauf sehr geschickt mit einer leichten seitlichen Drehung, wodurch eine Konfrontation vermieden wird (man steht sich dadurch nicht frontal gegenüber). Diese Drehung des Körpers bringt eine Drehung des Armes mit sich. Nur deshalb sieht es so aus, als würde diese (ranghöhere) Person die Hand „von oben" geben.

„Gefühlte Sicht"

Vieles kann man besser mit dem Gefühl erfassen als mit dem Verstand. So darf man sich bei der Einschätzung einer Person auch die Frage stellen: Nimmt diese Person mich ernst, nimmt sie mich für voll? Und wie ist es mit den Personen, über die sie spricht? Man kann daraus erfühlen, was für eine Sicht jemand auf andere Menschen hat, d.h. ob es sich eher um eine Persönlichkeit der oberen oder der unteren Hälfte handelt. Und auf die gleiche Weise kann man erspüren, was für eine Sicht diese Person auf sich selbst hat, indem man sich fragt: „Wie wichtig oder wie gut findet diese Person sich selbst?". Dies erleichtert die Links-Rechts-Einordnung.

---

[24] Wieder einmal ein schönes Beispiel dafür, wie körpersprachlich Deutsch ist.

Allgemeine Annäherung

Wer versucht, einen Dialekt zu sprechen, den er nicht als Kind gelernt hat, macht sich leicht lächerlich. Genauso unsinnig wäre z.B. der Versuch, als Kämpfer eine ruhige Persönlichkeit darzustellen. Das ist auch nicht nötig. Man muss andere Persönlichkeitstypen nicht nachmachen, um mit ihnen warm zu werden. Es genügt, sich ihnen anzunähern.

Dies ist sogar besser, weil man mit einer perfekten Kopie des anderen Typs einfach viel zu beschäftigt wäre, man könnte sich nicht mehr um die Sache kümmern. Entscheidend ist das Gefühl von Übereinstimmung („Sympathie"), das die andere Person empfindet. Und Gefühle sind von Natur aus nicht besonders präzise.[25] Deshalb genügt es, sich der anderen Person in ein paar Bereichen anzunähern, in denen ein Gefühlsgleichklang besonders wirksam ist.

Die fünf wichtigsten Bereiche, die sich für Gleichklang durch Annäherung anbieten, sind:

**Emotionalität, Bestimmtheit, Tempo,
Detailgrad und Lautstärke**

Die folgende Beschreibung gilt für das erste Kennenlernen ebenso wie für den Umgang mit „alten Bekannten".

Emotionalität unterscheidet die oberen beiden Typen von den unteren beiden. Wenn ich es also mit einer Persönlichkeit von der unteren Hälfte zu tun bekomme, dann muss ich mir klar machen, dass meine Freundlichkeit die andere Person leicht irritieren kann. Schlimmer noch: Der andere Mensch kann mich für nicht vertrauenswürdig oder nicht kompetent halten,

---

[25] Mehr dazu findet sich bei Daniel Goleman: „Emotionale Intelligenz", DTV, ISBN 3-423-36020-8

wenn ich nicht streng sachlich bleibe. Also muss es sein: Bei Persönlichkeiten von der unteren Hälfte immer auf der Sachebene bleiben! Bei Personen von der oberen Hälfte muss man dagegen freundlich sein. Bei Ruhigen dann aber gleichzeitig aufpassen, damit man nicht aufdringlich wirkt.

Bestimmtheit ist eine Eigenschaft der Personen von der rechten Seite. Wer selbst eher auf der linken Seite zuhause ist, bekommt damit leicht Probleme. Teilweise lässt sich etwas mit guter Vorbereitung erreichen (siehe „Manager muss Entscheidung zurücknehmen“, Seite 181). Wer selbst von der rechten Seite ist, muss sich bei Personen der linken Seite aktiv zurücknehmen. Ruhige und Gründliche fühlen sich sonst leicht überfahren und verschließen sich dann. Trotzdem ist es für Rechtsseitige leichter, sich bei der Bestimmtheit anzunähern. Sie müssen sich etwas zurücknehmen, also etwas weniger tun. Gründliche und Ruhige müssten mehr tun, das ist ungleich schwieriger.

Das gleiche gilt für das **Tempo**. Es ist für Menschen von der rechten Seite leichter, ein wenig Tempo herauszunehmen, als umgekehrt. Auch das gelingt nicht auf Anhieb, aber man kann es üben. Ruhige sind dankbar, wenn man sich Zeit für sie nimmt. Sie entwickeln dadurch das Gefühl, dass man sie ernst nimmt. Dieses Gefühl fehlt ihnen oft, weil sie wegen ihres vorsichtigen Wesens leise auftreten und dann leicht übergangen werden. Aber gerade sie sind z.B. sehr gute Beobachter und haben für den, der zuhören kann, viel Interessantes zu erzählen. Und wer zu einer ruhigen Persönlichkeit ein gutes Verhältnis pflegt, hat einen zuverlässigen, treuen Freund, der nicht wegen irgend einer Kleinigkeit von der Fahne geht. Gründlichen muss man genug Zeit geben, damit sie die Dinge in der Genauigkeit darlegen können, die sie brauchen.

Beim **Detailgrad** sind die Persönlichkeiten der linken Seite gefragt, sich anzunähern. Auch wenn es nicht leicht fällt, können sie lernen, sich auf das Wesentliche zu beschränken, wenn sie mit einer rechtsseitigen Persönlichkeit zu tun bekommen. Dies ist vor allem bei Kämpfern extrem wichtig. Kämpfer wie Offene sind häufig nicht in der Lage oder nicht willens, mit einer großen Anzahl Details zu hantieren. Linksseitige Persönlichkeiten beschränken sich deshalb klugerweise auf das wirklich Wichtige und machen sich beim anderen dadurch beliebt, dass sie ihm den „Kleinkram" abnehmen. Dann sind beide zufrieden.

Auch bei der **Lautstärke** können Persönlichkeiten von der linken Seite punkten. Jede(r) kann lernen, die Stimme zumindest etwas zu heben. Man muss die andere Person nicht anbrüllen. Es genügt, ein wenig lauter zu sprechen. Sonst muss sich die andere Person zu sehr konzentrieren. Dazu sind die meisten Personen von der rechten Seite nicht bereit.

Erfahrungsgemäß kann sich jeder Mensch, der Menschen mag, wenigstens bei einem oder zwei dieser Kriterien an den anderen annähern. Damit ist schon sehr viel gewonnen. Es obliegt jedem einzelnen, es auszuprobieren und zu üben. Anfangen sollte man mit dem, was am leichtesten fällt. Damit wird man den größten Erfolg erzielen. Wie weit man geht, hängt von jedem selbst ab.

Je besser uns die Annäherung auf diesen fünf Feldern gelingt, desto wohler fühlt sich der andere Mensch in unserer Gegenwart und desto mehr werden wir gemeinsam mit ihm erreichen. Denn je genauer diese Annäherung, desto genauer nähern wir uns auch seinem Fühlen, Denken und Handeln an. Also lohnt sich die Mühe allemal!

Annäherung an Verhaltensweisen und Erwartungen

"Wenn es überhaupt ein Rezept für den Erfolg gibt, besteht er darin, sich in die Lage anderer Menschen zu versetzen."
(Arthur Schopenhauer)

Wir haben ausführlich die Wesenszüge der verschiedenen Persönlichkeitstypen behandelt. Diese sind Teil ihrer Wirklichkeit, deshalb kann man eine Menge erreichen, wenn man sich die Mühe macht, sie zu berücksichtigen.

Sicherlich tut man gut daran, auf diesem Gebiet seine eigenen Erfahrungen zu machen, denn wie man sich wem annähert, hat viel mit der eigenen Wirklichkeit und den eigenen Möglichkeiten zu tun. Nicht jeder kann jede Handlungsempfehlung gleich gut ausführen.

Im Folgenden stellen wir die grundlegenden Dinge dar, soweit sie für andere Persönlichkeitstypen beherrschbar und wirkungsvoll sind. Die Annäherung an Verhaltensweisen und Erwartungen ist ebenso wichtig wie die allgemeine Annäherung, die wir im vorigen Kapitel besprochen haben. Mittelfristig sollte man beides gleich gut beherrschen.

Annäherung an die kämpferische Persönlichkeit

Wer mit einem Kämpfer zu tun bekommt, ist gut beraten, auf einen förmlichen Kleidungsstil zu achten. Dies kann jeder, unabhängig von seinem Typ und seiner eigenen Wirklichkeit.

Die ansonsten goldene Regel, sich gegenseitig bei etwas Smalltalk anzuwärmen, gilt bei Kämpfern nicht. Bei ihnen muss man umgehend zur Sache kommen.

„Ich stelle hier die Fragen" - Verhandeln mit Kämpfern

Die Sprache sollte sachlich und knapp sein, taktische Gegenfragen sind gefährlich. Wer mit seiner Frage zeigt, dass er nicht aufgepasst hat, bekommt ebenfalls Probleme. Fragen zur Sache müssen erkennbar der Klärung dienen. Man muss akzeptieren, dass der Kämpfer immer die Führung übernimmt. Erst nach und nach, wenn er Zutrauen gefasst hat, kann man anfangen, Dinge von sich aus anzusprechen und damit das Geschehen mit zu lenken. Dabei ist aber immer Vorsicht geboten, es muss auch hierbei immer erkennbar um die Sache gehen.

Der Sieger steht schon fest

Der Kämpfer hält immer Ausschau nach einer Gelegenheit für einen kleinen Sieg. Wer ihm Gelegenheit dazu bietet, ist selbst schuld. Man soll die Nebenschauplätze lieber links liegen lassen. Auseinandersetzungen sollte man nie auf die Spitze treiben, Kampf vergiftet das Klima und wahrscheinlich verliert man. Wenn der Kämpfer glaubt, es mit einem ebenbürtigen Gegner zu tun zu haben, wird es ungemütlich.

Und damit ist auch ein weiteres klar: Man darf den Kämpfer nie herausfordern bzw. angreifen oder ihm gar die Schuld zuweisen wollen. Damit weckt man todsicher seine Kämpfernatur und zieht dann sehr wahrscheinlich den Kürzeren. Außerdem, und das kann mindestens genau so schlimm sein, lenkt man ihn von der Sache und der Lösung ab[26].

Im Übrigen ist es keine schlechte Methode, wenn man zu einem Kämpfer eine gute Beziehung hat, ihm einfach verschiedene Entscheidungen zu überlassen. Wenn man um etwas mit ihm kämpft, kann man leicht verlieren. Wenn man

---

[26] Die meisten Schulderörterungen schaden der Sache eher als zu nutzen. Denn meistens hat der „Schuldige“ in bester Absicht gehandelt und dann vergrätzt man ihn mit Schuldzuweisungen zusätzlich zu dem Ärger, den er wegen der Sache ohnehin schon hat. Und in vielen Auseinandersetzungen um Schuld und Verantwortung geht es nicht um die Sache, sondern eher um die Beziehung derer, die sich da auseinandersetzen. Dies gilt für alle Persönlichkeitstypen.

ihm die Entscheidung in der Sache überlässt, kommt oft eine faire Regelung dabei heraus.

Es geht um die Sache

Man überzeugt kaum jemals eine Kämpferpersönlichkeit mit Argumenten wie: „das ist unfair“, „das hält diese Person nicht aus“ oder „das kann man doch nicht machen“. Kämpfer muss man auf den sachlich-geschäftlichen Aspekt ansprechen, auf Ziele und die Schwierigkeiten auf dem Weg dorthin. Das darf sogar ein Argument sein wie „Die Irritationen, die dadurch entstehen, führen zu Produktivitätseinbußen. Ob uns das passt oder nicht, da spielen die Hormone verrückt und dem sind die Leute dann hilflos ausgeliefert.“

Wichtig ist, dass man eine Macht ins Spiel bringt, auf die der Kämpfer keinen Einfluss hat. Nebenbei bemerkt ist die Aussage „die Hormone spielen verrückt“ natürlich durchaus wahr. Sie passt nur besser in die Wirklichkeit eines Kämpfers als die Aussage „den Stress halten die Leute nicht aus“. Die passenden Worte und Argumente zu wählen ist nicht unanständig, sondern sachdienlich und effizient.

Und natürlich muss man bei einem Kämpfer immer die Möglichkeit einkalkulieren, dass er großzügig mit der Wahrheit umgeht, wenn es seine Interessen betrifft. Was man einem Ruhigen blind glauben kann, muss man bei einer kämpferischen Persönlichkeit in einem solchen Fall kritisch prüfen (siehe „der lügende Arzt“, Seite 29/30).

Vorsicht, Lob!

Bekommt man Lob von einem Kämpfer, dann besteht die Gefahr, dass er es nachträglich bereut. Das kann zur Folge haben, dass man dann unter „verschärfter Beobachtung“ steht und sozusagen zum Ausgleich Tadel kassiert. Deshalb habe ich mir angewöhnt, das Lob eines Kämpfers grundsätzlich abzuschwächen mit Formulierungen wie: „Es freut mich, wenn

Sie mit dem Ergebnis zufrieden sind. Aber das war nicht allein mein Verdienst".

Druck

Für Kämpfer ist es selbstverständlich, dass sie auf Andere Druck ausüben, um ihre Ziele zu erreichen. Dass sie damit vor allem Ruhigen und Gründlichen große Probleme machen, nehmen sie oft nicht wahr. Am besten reagiert man auf solchen Druck mit der berühmten „höheren Autorität" und vertagt damit die Konsequenzen. Das ist allemal besser, als unter Druck eine falsche Entscheidung zu treffen.

Die „höhere Autorität".

Wie im Beispiel „Manager muss Entscheidung zurücknehmen" gesehen (Seite 181), sind Kämpfer durchaus bereit, eine höhere Macht anzuerkennen und sich deren Druck zu beugen. Also kann man, speziell im Außenverhältnis, immer damit argumentieren, dass man einen Vorstand habe[27], der sich die letzte Entscheidung selbst vorbehält. Das wird ein Kämpfer in der Regel akzeptieren, weil er selbst so denkt und handelt.

Zupacken statt zaudern

Kämpfer arbeiten gern mit Leuten zusammen, die nicht ständig die Bedenken vor sich her tragen, sondern die Dinge auch relativ spontan mit anpacken. Da nehmen sie es auch in Kauf, dass einmal etwas schief geht, solange nicht wirklich wichtige Sachen anbrennen. Da muss man dann in der Regel auch nicht mit Ärger rechnen. Natürlich hat man sich vorher mit der Bemerkung abgesichert: „Klar können wir das mit reinnehmen, es bleibt natürlich irgendwas dafür liegen".

„Was bekomme ich dafür?"

Kämpfer sind es gewohnt, immer zu fordern und viele kommen diesen Forderungen relativ bereitwillig nach. Wo dies nicht

---

[27] wahlweise auch die Geschäftsleitung, ein Komitee, eine Arbeitsgruppe, ein Kuratorium o.ä.

selbstverständlich ist, begegnet man diesen Forderungen am besten mit der Frage nach einer Gegenleistung, wie es Verhandlungsprofis empfehlen: „Angenommen, Ich tue das für Sie, was würden Sie dann für mich tun?“. Wenn es nicht so wichtig war, wird der Kämpfer von der Forderung ablassen. Wenn es um eine wichtige Sache geht, wird er eine Gegenleistung anbieten und dann ist die Sache ja in der Regel auch in Ordnung.

„wie du mir nicht, so ich dir nicht“

Wenn man von einem Kämpfer zu stark dominiert wird, speziell im privaten Bereich oder unter Kollegen, dann ist auch oft das ganz schichte Argument hilfreich: „Das würdest du dir auch nicht gefallen lassen“.

Nur Macht geht über Nützlichkeit

Das beste Auskommen mit einer Kämpferpersönlichkeit hat man immer dann, wenn man von dieser als nützlich und nicht leicht ersetzbar eingeschätzt wird. Dies gilt aber nur so lange, wie die Kämpferpersönlichkeit ihre Macht nicht gefährdet sieht.

Notfalls konsequent abwehren

Klar ist: Kämpfer werden fast immer nach der Führung streben und beanspruchen die Lorbeeren für die geleistete Arbeit vor allem für sich. Wenn das unerwünscht ist, muss man sie manchmal aus Gruppen ausgrenzen, auch mit unfeinen Mitteln. Das ist nicht unfair, denn sie verfolgen ihrerseits so konsequent ihre Machtinteressen, dass sie den anderen oft keine andere Wahl lassen.

Manchmal hilft es in solchen Fällen, sie direkt anzusprechen und ihnen (sinngemäß) klar zu machen: „Du weißt selbst, dass du immer Chef sein willst. Dadurch kommen viele andere nicht zum Zug und deshalb wollen wir das hier ohne dich machen.“ Das ist die Sprache, die sie verstehen.

Wenn das nicht genügt, kann man ihnen den Spaß an der Sache verderben, indem man alles in die Länge zieht, endlose Diskussionen führt, dafür sorgt, dass sie an Terminen nicht teilnehmen können und vorab Dinge ohne sie bespricht, sich die notwendigen Mehrheiten besorgt und sie so vor vollendete Tatsachen stellt. Auf diese Weise kann man sie manchmal zermürben. Projekt- oder andere Arbeitsgruppen kann man manchmal einfach auflösen und ohne sie neu gründen oder Aufgaben in andere Gruppen verlagern, an denen sie nicht beteiligt sind. Wichtig ist, dass man all dies konsequent tut und sich klar macht, dass Kämpfer ihre Interessen eben auch sehr konsequent und ohne besondere Bedenken verfolgen. Anderen Persönlichkeiten gegenüber ist ein so rigoroses Vorgehen in der Regel nicht erforderlich.

Alles unter Kontrolle
Entscheidend für Kämpferpersönlichkeiten ist immer das Gefühl, dass sie die Dinge unter Kontrolle haben und alle sich nach ihr richten. Man ist also immer klug beraten, ihnen dieses Gefühl zu vermitteln.

Aufgaben, die ein Kämpfer gut erledigt

Kämpfer haben ein hohes **Durchsetzungsvermögen**. Wenn also Sachen durchgepaukt werden müssen, wenn dabei u.U. auch Porzellan zu Bruch gehen muss, wenn Bedenken beiseite gewischt werden müssen, dann ist das eine Aufgabe für sie. Wo andere vermutlich große Hemmungen hätten, die Sache auszuführen, sind sie in ihrem Element.

Kämpfer werfen nicht nur besonders leicht Bedenken über Bord, sondern auch Traditionen und Denkverbote. Sie haben Spaß an **unkonventionellen Lösungen**, damit bringen sie die Dinge oft ungeheuer voran. Wenn man eine Lösung abseits der ausgetretenen Pfade braucht, sollten sie erste Wahl sein.

Planen ist nicht ihre Sache. Wenn ein großes Projekt ansteht, dann sollte man die Leitung ruhig einem Kämpfer übertragen, damit keiner einschläft. Aber die Planung und Überwachung der Details ist bei einem Gründlichen sicher besser aufgehoben. Der Kämpfer ist meistens dann am besten, wenn er improvisieren muss. Und die Situation ist noch in jedem größeren Projekt aufgetreten, dass eine verfahrene Lage durch eine mutige, zielgerichtete Maßnahme gerettet werden musste.

Auch wenn Aktionen anstehen, die auf einen **Tag-und-Nacht-Einsatz** hinauslaufen, ist der Kämpfer erste Wahl. Er ist sowieso immer aktiv, und je extremer es zugeht, desto mehr Spaß hat er an der Sache.

In **Krisensituationen** läuft der Kämpfer zur Bestform auf. Vielen Politikern sagt man Fähigkeiten dieser Art nach. Von ihnen heißt es dann, sie seinen am stärksten, wenn sie mit dem Rücken zur Wand stehen. Ganz nüchtern betrachtet ist das für eine politische Führungspersönlichkeit eine wünschenswerte Eigenschaft, schließlich ist Politik das Gegenteil von einem Schönwettergeschäft.

Das tragische Extrembeispiel ist Jürgen Möllemann. Er nahm laut Medienberichten jede Gelegenheit zu einem Kampf mit Leidenschaft wahr, „gern auch mit dem Rücken zur Wand", wie es nach seinem Tod hieß.

Eine wahre Begebenheit: die unkonventionelle Lösung
Ein Industriebetrieb, der Klebebänder herstellt, könnte einen Großauftrag bekommen, wenn es der Firma gelingt, selbstklebenden Filz zu produzieren. Monatelang experimentiert man im Labor, auch der Inhaber selbst schaltet sich mit ein. Eine Lösung wird nicht gefunden, immer wieder sickert der Haft-

kleber durch den Filz, bevor er angetrocknet ist und macht ihn dadurch unbrauchbar.

Als die Zeit knapp wird, wendet sich der Inhaber an einen Verfahrenstechniker, eine Kämpferpersönlichkeit wie er selbst. Der löst ihm das Problem innerhalb eines Nachmittags, indem er den Haftkleber nicht auf den Filz aufträgt, sondern auf die Abdeckfolie, mit der die Klebefläche geschützt werden muss. Sobald der Haftkleber angetrocknet ist, kann man Filz und Folie zusammenführen, beim Ablösen der Folie bleibt der Klebstoff am Filz haften. Eine ganz einfache Lösung, aber in all den Monaten war kein anderer darauf gekommen, weil sie nicht ins Denkschema passte.

Noch am gleichen Tag erhält der Verfahrenstechniker vom Chef einen fürchterlichen Rüffel wegen einer Lappalie. Es war in diesem Fall schlicht nicht möglich, die eigene Leistung klein zu reden (siehe „Vorsicht, Lob!“ weiter oben). Außerdem wäre das für den Verfahrenstechniker, der ja ebenfalls ein Kämpfer war, völlig abwegig gewesen.

Annäherung an die offene Persönlichkeit

Offene sind sehr gesprächig, das muss man aushalten können. Man soll sie immer offen, direkt und freundlich angehen. Man soll ihrer Freude an der Kommunikation gerecht werden und das Gespräch suchen. Sie sollen wissen, um was es geht, danach kann man gern abschweifen und sich unterhalten. Oft spricht man mit ihnen den größeren Teil der Zeit nicht über Geschäftliches.

Gespräch

Offene sind emotional und lassen sich gern begeistern. Also sollte man sich emotional und bilderreich ausdrücken. Späße und originelle Formulierungen mögen sie sehr gern. Sie nehmen es auch als Hinweis dafür, dass jemand seine Sache so gut beherrscht, dass er nebenher Späße machen kann. Sie unterbrechen den anderen häufiger, weil sie sehr spontan sind. Man soll dann keine Hemmungen haben, das Gespräch nach der Unterbrechung wieder zum Thema zurück zu führen. Dafür braucht man bei ihnen keine taktischen Gegenfragen, entweder sagt man es freundlich und direkt, z.B.: „Ich würde gern noch einmal auf den Punkt XY zurück kommen" oder mit einem kleinen Spaß, z.B.: „Jetzt wären wir beinahe vom Thema abgekommen".

Auf keinen Fall soll man Offene mit einem nüchternen, längeren Fachvortrag langweilen. Sie wollen nur das Wesentliche erfahren und immer aktiv kommunizieren, für Sachangelegenheiten interessieren sie sich nur sehr begrenzt. Sie interessieren sich ähnlich wie Kämpfer mehr für den Nutzen einer Sache, allerdings kann dieser Nutzen bei ihnen auch in der Freude oder dem Prestige bestehen, die sie sich davon versprechen. Auch kann es bei ihnen leichter als bei anderen passieren, dass sie sich für eine Sache entscheiden, weil ihnen der Mensch imponiert, der sie ihnen präsentiert.

Die Sache ist nicht alles – Verhandeln mit Offenen
Während es Kämpfern immer nur um die Sache selbst oder um ihre Macht geht, betrachten Offene die Sache fast immer in einem von Gefühlen bestimmten Zusammenhang. Wenn sie ein Auto kaufen, träumen sie von den schönen Fahrten, die sie damit unternehmen werden. Wenn sie auf eine Aktion angesprochen werden, an der sie sich beteiligen sollen, dann stellen sie sich die Aktion als Erlebnis vor. Und wenn sie jemand etwas verkaufen wollen, dann begeistern sie sich u.U. selbst so sehr dafür, dass sie dem Kunden Dinge oder Leistungen am liebsten dazuschenken würden, damit es wirklich eine so aufregende Sache wird, wie sie ihnen vorschwebt. Kurzum: Wer von Offenen etwas will, muss vor allem positive Gefühle in ihnen wecken.

„Gemeinsam schaffen wir es"
Offene beziehen die andere Person gern in ihre Angelegenheiten mit ein, sie sehen die Dinge oft unter einem gemeinschaftlichen Aspekt. Dabei können sie sehr vereinnahmend sein. Trotzdem soll man, wenn es ihn gibt, diesen gemeinschaftlichen Aspekt einer Sache betonen, wenn man eine offene Persönlichkeit von etwas überzeugen möchte.

Als Chefs sind sie meistens auf gute Zusammenarbeit und eine positive Atmosphäre bedacht, sie setzen mehr auf ein gemeinsames Verantwortungsgefühl als auf Kommandostrukturen. Sie stellen einen klaren Konsens darüber her, was wichtig ist und lassen den Teammitgliedern ansonsten relativ viel Freiheit. Das bedeutet aber für die Teammitglieder, dass sie die Verantwortung auch annehmen müssen. Der offene Chef setzt als selbstverständlich voraus, dass sie sich um die ganze Sache kümmern. Offene sehen in jeder beteiligten Person einen wichtigen, aktiven Teil des Ganzen.

Öfter mal was neues
Offene haben für neue Ideen und Vorschläge fast immer ein offenes Ohr und sind gern bereit, etwas Neues auszuprobieren. Ablehnung formulieren sie in der Regel freundlich und oft mit einem Hinweis wie z.B.: „Schade, das ist wirklich eine gute Idee, aber das wird diesmal nichts. Trotzdem musst du bitte mit der nächsten Idee umgehend wieder hier auf der Matte stehen. Jede gute Idee ist eine große Chance“.

Als Mitarbeiter(in) eines offenen Chefs darf man keine Hemmungen haben, auch einmal klar (aber freundlich!) zu sagen: „Das geht nicht“ oder „das schaffe ich nicht“. Offene sind optimistisch und oberflächlich und merken deshalb oft nicht, dass sie mehr verlangen, als möglich ist. Sie lassen dann aber meistens mit sich reden und sind offen für andere Möglichkeiten. Das Ergebnis ist ihnen wichtiger als der Weg dorthin.

Ähnlich wie Kämpfer handeln Offene gern spontan und haben Spaß an originellen, spektakulären oder aufregenden Aktionen. Oft sind sie später dankbar, wenn sie dann von anderen auf den Boden zurückgeholt werden, bevor sie sich zu sehr verrennen.

Spontaneität
Offene handeln sehr spontan. Niemand möge glauben, das könne man ihnen einfach abgewöhnen oder austreiben. Wenn eine offene Persönlichkeit versucht, sich konsequent zu organisieren und exakt einen Plan abzuarbeiten, dann führt dies früher oder später zu totaler Lähmung. Also muss man Offenen Aufgaben geben, bei denen ihre Spontaneität nützlich ist. Wichtig dabei: Spontaneität ist auch Reaktion auf Reize von außen. Linksseitige bringen sie zur Verzweiflung, Offene reagieren positiv darauf. Deshalb ist z.B. telefonische Kundenbetreuung wie geschaffen für sie.

Einfach drüber reden
Offene sind immer offen, denn es ist ihre Art, die Dinge durch Kommunikation zu regeln. Das heißt, man kann sie auch jederzeit auf Dinge ansprechen, mit denen man nicht zufrieden ist oder die Probleme machen. Auch kann man sie in persönlichen Angelegenheiten um Rat oder Hilfe bitten. Oft kümmern sie sich sogar ausgesprochen gern darum und lassen andere wichtige Dinge dafür liegen.

Offene sind tolerant, umgänglich und neigen zur Oberflächlichkeit. Dadurch irritieren sie viele andere, man hält sie leicht für wankelmütig und unzuverlässig.

Offene halten in jeder Beziehung wenig Distanz. Für viele von ihnen ist es auch ganz normal, andere Menschen zu berühren, sie auf die Schulter zu klopfen o.ä.. Da sie nicht kleinlich sind, kann man ihnen einfach freundlich sagen, wenn man das als unangenehm empfindet.

Aufgaben, für die sich offene Persönlichkeiten gut eignen

Da sie sehr kontaktfreudig sind, sind Offene überall da gut aufgehoben, wo sie ständig mit unterschiedlichen Menschen zu tun bekommen, z.B. an der Rezeption, bei der Auftragsannahme oder eben im Verkauf.

Alle Aufgaben, die wesentlich auf Kommunikation basieren, übernehmen sie mit Freuden.

Sie können gut andere Menschen motivieren.

Sie handeln in der Regel nicht so gern nach Plänen und häufig haben sie Probleme, sich selbst zielgerichtet anzutreiben. Deshalb übernehmen sie gern Tätigkeiten, bei denen sie ständig Impulse von außen bekommen, auf die sie reagieren müssen.

Auch Offene sind originelle, unkonventionelle Problemlöser, sie eignen sich also gut zum Auflösen von festgefahrenen Situationen, vor allem im personellen Bereich.

Eine wahre Begebenheit: eine offene Unternehmerpersönlichkeit

Die meisten Unternehmer sind Kämpferpersönlichkeiten. Das passt ins Bild, das man von einem Unternehmer und von der deutschen Wirtschaft hat. Davon, dass es auch ganz anders sein kann, handelt die folgende Beschreibung einer deutschen Firma:

Das Ambiente eines Offenen

Die gesamte Firma hat eine warme und lebendige Atmosphäre. Zwischen den verschiedenen Firmengebäuden befindet sich eine Parkanlage mit Bänken, wo viele Mitarbeiter ihre Pausen verbringen. Außerhalb des Produktionsbereichs gibt es viel Holz (Fußböden, Türen, Stellwände) und viel Tageslicht durch den Einsatz von Glas im Dach- und Wandbereich. Überall in den Produktionshallen stehen Glaskästen mit Mustern der dort hergestellten Produkte. Viele Mitarbeiter(innen) grüßen die Besucher während des Rundgangs freundlich.

Ein freundlicher und kommunikativer Chef

Der Firmenchef holt die Besucher an der Rezeption ab und geleitet sie in den Konferenzraum. Sein Vortrag zur Präsentation seiner Firma ist lebendig und bilderreich, zwischendurch klopft er mehrmals einem ihm persönlich bekannten Mitglied der Besuchergruppe auf die Schulter. Er nimmt es locker, dass ein Mitarbeiter seinen Vortrag mehrfach mit Anmerkungen unterbricht. Er berichtet offen und ohne Scheu auch über Dinge, die viele andere Unternehmer argwöhnisch als Firmengeheimnisse hüten würden.

Der Förderer und seine Leute

Die Firma hat mehrere hundert Beschäftigte. Der Chef kümmert sich seit Anfang an selbst ums Personal, er hat bei der Auswahl die letzte Entscheidung. Er legt Wert auf eine beispielhafte innerbetriebliche Ausbildung. Diese Ausbildung verursacht enorme Kosten, bringt der Firma aber Mitarbeiter mit herausragenden Fähigkeiten und hoher Motivation („die besten Leute werden bei uns Ausbilder"). Auch die Weiterbildung hat einen sehr hohen Stellenwert. Die Zusammenarbeit mit den Betriebsräten ist fair, freundlich und offen. Es gibt immer eine für alle Beteiligten vernünftige Lösung.

Der Mensch steht im Mittelpunkt und allen geht es gut dabei

Personelle Fluktuation ist praktisch unbekannt. Die Mitarbeiter scheiden in der Regel erst bei Erreichen des Rentenalters aus. Ehrungen wegen 45 Jahren Betriebszugehörigkeit sind keine Seltenheit, selbst 50 Jahre kommen vor. In dieser Firma ist die Erfahrung der älteren Mitarbeiter ebenso wertvoll wie der Elan der Jungen.

Einen höheren Automationsgrad strebt die Firma nicht an, weil darunter die Flexibilität leiden würde und damit die Kundennähe. Es gibt einen großen Beratungsbereich, wo sich jeder Kunde jederzeit informieren kann.

Erfolg ist das beste Argument

Diese Firma ist in den letzten Jahrzehnten kontinuierlich gewachsen, sie ist Weltmarktführer. Dabei ist sie wie gesehen das Abbild der offenen Persönlichkeit ihres Chefs.

Es gibt wohl kaum einen eindrucksvolleren Beleg für die These aus dem Vorwort, dass es sich lohnt, den Menschen in den Mittelpunkt zu stellen, dass die Menschen unser wichtigstes Kapital sind. Alle im Wirkungsbereich diesen Unternehmens – Kunden wie Mitarbeiter – fühlen sich wohl und haben ihren

Nutzen, deshalb wollen sie auch weiterhin gern mit dieser Firma zu tun haben. Damit ist sie so erfolgreich wie keine andere in ihrer Branche.

Henne oder Ei?

Kann sich die Firma nun diesen aufwendigen Umgang mit Menschen leisten, weil sie so erfolgreich ist, oder ist sie so erfolgreich, weil sie diesen Aufwand treibt? Natürlich kann niemand diese Frage zweifelsfrei so oder so beantworten. Am wahrscheinlichsten aber ist, dass es sich so verhält wie fast überall, wo Menschen wirken: das eine bedingt das andere und das andere wiederum das eine. Üblicherweise ist so etwas als Teufelskreis bekannt (siehe auch das Kapitel „Wenn Wirklichkeiten zu Problemen führen", Seite 173 ff), hier ist es das Gegenteil. Ein Wort für dieses Gegenteil („Engelskreis?") gibt es allerdings im Deutschen nicht. „Eine runde Sache" trifft es wohl noch am ehesten.

Der Troubleshooter

In meiner ersten Firma wurde ich des Öfteren zu unzufriedenen Kunden geschickt. Diese Besuche verliefen fast immer nach dem gleichen Muster: Der Kunde musste vor allem seinen Ärger loswerden, die Auslöser waren meist Kleinigkeiten. Ich hörte ihnen immer aufmerksam zu und widersprach nicht. Wenn sie sich abgekühlt hatten, begann ich mit den Nachfragen in der Sache und regelte sie. Es waren stets Dinge, die man unter anderen Umständen auch in einem kurzen Telefonat hätte klären können. In der Regel gingen der Kunde und ich danach als Freunde auseinander und später lösten wir dann auch viel schwierigere Sachen am Telefon.

Für einen Kämpfer wäre dies keine gute Aufgabe. Er würde sich nur auf die Sache stürzen und würde das eigentliche Problem, den Ärger des Kunden, u.U. gar nicht erkennen. Er wäre versucht, dem Kunden zu beweisen, dass dieser sich zu Unrecht ärgert und damit das Problem weiter verschärfen.

Gründliche und Ruhige bekommen selbst leicht Probleme, wenn sie mit Ärger konfrontiert werden. Sie würden das Problem deshalb nicht entspannt genug angehen und so leicht in Schwierigkeiten geraten.

Eine offene Persönlichkeit tut sich hier am leichtesten, weil sie zwar den Menschen hinter der Sache sieht, den Ärger aber nicht persönlich nimmt. Deshalb geht sie die Sache relativ entspannt an. Die größte Gefahr bei Offenen ist an dieser Stelle, dass sie die Sache zu locker nehmen und damit den Kunden weiter verunsichern. Ein ernstes Gesicht ist hier Pflicht, den Optimismus muss man erst einmal für sich behalten. Erlaubt sind nur Formulierungen wie „Ich bin überzeugt, dass wir das gelöst bekommen“.

Eine prominente offene Persönlichkeit

Das Paradebeispiel für eine offene Persönlichkeit ist der Körpersprache-„Papst“ **Samy Molcho**. Es gibt wenige Menschen, die Gefühlen so viel Aufmerksamkeit und Bedeutung beimessen wie er, er hat sie zum Beruf gemacht. Dabei sprüht er geradezu vor Lebensfreude, weil es ihm in seiner Emotionalität erkennbar gut geht.

Bei einem öffentlichen Auftritt bin ich im Publikum, um von ihm zu lernen und um ihn als Persönlichkeit zu beobachten. Gleich zu Beginn fordert er sein Publikum (ca. 250 Personen) auf, auch während seines Vortrags Fragen zu stellen. Die Fragen, die dann naturgemäß auch kommen, beantwortet er ausführlich und vergewissert sich immer, dass die Antworten auch wirklich die Fragenden zufrieden stellen. Er signiert mir eines der Bücher, die ich von ihm besitze und erlaubt mir ausdrücklich, diese Signatur auch in diesem Buch als Beispiel zu verwenden. Sie ist hier um ca. 15% verkleinert abgebildet. Es ist die Handschrift einer rechtsseitigen Persönlichkeit, sie nimmt viel Raum ein.

Samy duzt jeden und niemand nimmt es ihm übel, denn jeder spürt, dass er damit Sympathie für seine Mitmenschen ausdrückt. Er erzählt im Vortrag mehrfach von seiner Frau und seinen Kindern. Er empfiehlt für den betrieblichen Alltag die Abkehr von der Kommandostruktur hin zu einem respektvollen Umgang.

Mit den Fragen, die ich an ihn richte, stelle ich ihn auf eine echte Geduldsprobe. Er kommt nicht aus dem Konzept und er nimmt sich die nötige Zeit. Bei den zahllosen Fällen, in denen er Personen aus dem Publikum einbezieht, achtet er immer darauf, dass er ihnen nicht zu nahe tritt, dass er ihre Würde nicht verletzt.

Samy Molcho ist ein Mensch, der Menschen mag.

Bild: Der Arbeitsplatz, an dem der zweite Teil dieses Buches entstanden ist. Auf einem Tisch von ca. drei Quadratmetern ist immer genug Platz, um an zwei bis drei Sachen gleichzeitig zu arbeiten. Die Schiebetüren vor dem Regal werden als Pintafeln genutzt, ebenso viele andere freie Flächen. So lassen sich alle spontanen Einfälle sofort festhalten und so aufbewahren, dass man sie auch wieder findet. Außerdem gibt es immer Möglichkeiten der Gestaltung, Geschäft und Dekoration gehen ineinander über. Hier kann sich eine offene Persönlichkeit bestens entfalten.

Annäherung an die ruhige Persönlichkeit

Die Annäherung an eine ruhige Persönlichkeit beginnt immer mit einem persönlichen Gespräch. Ideale Themen sind, wenn man sich schon ein wenig kennt, gemeinsame Freunde und Bekannte, Familie, Haus und Garten und natürlich alles andere, was miteinander verbindet.

Beim ersten Kennenlernen muss man besonders vorsichtig sein, da sind die persönlichen Dinge erst einmal tabu. Man muss sich behutsam herantasten. Scherze aller Art unterlässt man lieber. Ein nettes Beispiel: Als meine Kinder noch kleiner waren, hat mir eine meiner Töchter gern eine von ihren Haarklammern an die Krawatte geklemmt, damit ich immer an sie denke. Speziell Ruhige tauten rasch auf, wenn sie mich danach fragten und ich ihnen erklärte, was es damit auf sich hatte. Nachdem ich ihnen freundlich und vorsichtig gegenübertrat, wagten sie zu fragen. Von mir aus hätte ich allerdings das Gespräch nicht darauf bringen dürfen, diese Masche hätten sie sofort durchschaut.

Immer etwas behutsamer

Es ist eine leidvolle Erfahrung, dass man Ruhige leicht überfahren und fast jede Zusage von ihnen bekommen kann. Das Problem entsteht hinterher, wenn sie die Zusage nicht einhalten können. Damit ist niemand geholfen, der in guter Absicht handelt.

Gegenüber Ruhigen muss man sich deshalb immer etwas mehr Zurückhaltung auferlegen. Sowohl bei Forderungen, als auch bei Zusagen. Wer von einer ruhigen Persönlichkeit etwas möchte und sich nicht sicher ist, ob sie das bewältigt oder will, muss erst vorsichtig anfragen. Man sollte sie lieber nach einem realistischen Termin fragen, als einen vorzugeben. Und bei Zusagen, die man Ruhigen gibt, sollte man immer sicher sein, dass man sie auch wirklich einhalten kann.

Ruhige sind sensibel. Sie hören das Gras wachsen, sie nehmen Stimmungen auf wie kein anderer. Deshalb sind sie allerdings auch leicht zu irritieren. Auch deshalb ist man gut beraten, bei ihnen immer etwas vorsichtiger zu sein. Andererseits sind Ruhige deshalb immer die erste Anlaufstelle, wenn man sich über Stimmungen, Beziehungen und andere Dinge informieren will, die sich unterhalb der Oberfläche abspielen. Allerdings muss man vorsichtig fragen, man bekommt vorsichtige, manchmal indirekte Antworten und muss sie unbedingt vertraulich behandeln.

Sie können mehr!

Ruhige trauen sich oft deutlich weniger zu als sie können. Viele Dinge könnten sie mindestens genau so gut wie andere, aber sie drängen sich nicht vor. Man kann sie aber mit etwas Gefühl und Verstand sehr gut dazu ermuntern, auch „höherwertige“ Aufgaben zu übernehmen und zu zeigen, was sie können. Dann kommt oft Erstaunliches zu Tage. Wenn man ihnen Rückendeckung bietet und die Möglichkeit, sich notfalls ohne Gesichtsverlust wieder zurück zu ziehen, lassen sie sich gern fordern. Wenn es gut gegangen ist, darf man sie ohne weiteres auch ausgiebig loben, sie schnappen nicht so leicht über wie andere.

Aufgaben, für die sich Ruhige gut eignen

Ruhige sind zuverlässig, gründlich und geduldig. Alle Aufgaben, die diese Qualitäten erfordern, erledigen sie gern und gut. Sie arbeiten ausgesprochen gern in einer Gruppe, in der sich der eine auf den anderen verlassen kann und man sich gegenseitig unterstützt. Sie streben praktisch nie nach einer Führungsrolle und nehmen sie auch nur ungern an. Lieber unterstützen sie eine ihnen sympathische Führungspersönlichkeit. Nicht nur durch gute Arbeit, sondern auch mit Informationen, Anregungen und Ideen.

Verhandeln mit Ruhigen

Auch in Verhandlungen sind Ruhige von ihrem Bedürfnis nach Beziehung geprägt. Besonders bei ihnen muss man darauf achten, dass man erst ein Vertrauensverhältnis aufbaut. Ruhige entscheiden sich am liebsten für (Geschäfts-)Partner, die sie gern mögen. Dann sind die besten Konditionen nicht mehr so wichtig. Einem Partner, den sie mögen, und der sie nicht enttäuscht, werden sie fast immer die Treue halten. Und wenn sie doch einmal eine neues Auto kaufen, dann werden sie nicht zehn Händler abklappern, sondern beim ersten bleiben, der ihnen persönlich sympathisch ist, sofern er ein reelles Angebot macht.

Harmonie muss sein

Wer mit Ruhigen auf Dauer gut zurechtkommen will, muss Zeit für die Pflege einer harmonischen Atmosphäre haben. Die Beziehung ist ihnen ebenso wichtig wie die Arbeit.

Annäherung an die gründliche Persönlichkeit

Man sollte ein Gespräch oder eine Verhandlung normalerweise immer mit etwas Plauderei beginnen. Das ist bei Gründlichen nicht leicht, sie sind häufig sehr in sich gekehrt. Am ehesten eignet sich ein Thema im Bereich dessen, worüber man ohnehin reden will.

Über Persönliches reden Gründliche nur mit Menschen, die ihnen vertraut sind. Man sollte also lieber abwarten, bis sie von sich aus damit anfangen und auch dann immer etwas zurückhaltend und eher sachlich bleiben. Von Gefühlen redet man besser nicht, etwas Distanz ist immer empfehlenswert.

Auch mit eingestreuten Späßen oder Witzen sorgt man bei Gründlichen eher für Irritationen als für Entspannung. Für sie ist alles ernst und wichtig und wer diese Einstellung nicht teilt, ist ihnen verdächtig.

Dabei ist es keineswegs so, dass Gründliche keinen Humor hätten. Feine Anspielungen, Ironie und Doppeldeutigkeiten sind sehr wohl nach ihrem Geschmack. Sachen zum Schmunzeln sind ihnen deutlich lieber als die typischen „Schenkelklopfer". Humor sollte man erst zeigen, wenn man sich durch Bewährung in Wort und/oder Tat ihren Respekt erworben hat.

Gründliche sind sachbezogene Menschen. Sie beschäftigen sich mit Dingen so intensiv, wie sich Ruhige mit Menschen beschäftigen. Sehr vorsichtig zwar, aber mit großem Interesse und viel Geduld. Ebenso wie Ruhige vertragen sie aber keinen Druck. Auch sie brauchen immer genug Zeit für alles. Es macht ihnen erhebliche Probleme, wenn sie Dinge ruck-zuck oder unvollständig erledigen müssen.

Überliefert ist z.B. der Fall, in dem ein Gründlicher in einer schwierigen Situation um eine rasche Einschätzung eines komplizierten Sachverhalts gebeten wurde, weil anderenfalls der Verlust eines Auftrags drohte. Trotz der Dramatik der Situation war er dazu nicht bereit. Statt seiner musste die Einschätzung dann ein weniger Qualifizierter übernehmen. Darüber war er dann erbost, ging aber von seiner Weigerung nicht ab.

Niemand sollte versuchen, den Einwand eines Gründlichen mit der Bemerkung „Das kommt nicht so genau darauf an" zu entkräften. Genauigkeit ist für Gründliche alles, da verstehen sie keinen Spaß. Auch kann man sie kaum dazu bringen, etwas sozusagen auf Verdacht einmal ganz anders zu probieren. Die damit verbundenen Unsicherheiten ertragen sie nur schwer. Außerdem ist die bisherige Vorgehensweise oft das Ergebnis ihrer eigenen gründlichen Analyse und Planung.

Genauigkeit zählt für Gründliche in allen Bereichen. Deshalb legen sie großen Wert auf Pünktlichkeit. Sie sind selbst pünktlich und erwarten das auch von anderen.

Gründliche lassen sich nur durch Zahlen und Fakten überzeugen. Man muss also gut vorbereitet sein, wenn man mit ihnen vorankommen will. Denn bei jeder Information läuft man Gefahr, dass sie bessere und genauere Daten haben als alle anderen. Sie treffen keine Entscheidungen, solange die Sache nicht wirklich bis ins letzte analysiert und bewertet ist. Wer abkürzen will, trifft auf hartnäckigen Widerstand.

Gründliche sind die geborenen Bedenkenträger. Sie wissen über die Dinge Bescheid und finden immer sofort bei allem ein Haar in der Suppe. Dabei spielt es für sie oft keine Rolle, ob es bei ihren Bedenken um wirklich Wesentliches geht oder vielleicht nur um eine unbedeutende Kleinigkeit. Deshalb haben sie auch kein Interesse, an Brainstormings teilzunehmen.

Die Geduld, mit der Ruhige anderen Menschen begegnen, ist Gründlichen nicht gegeben. Sie wehren ab, wenn man sie auf der persönlichen Ebene beanspruchen will. Umso geduldiger sind sie aber bei ihrer Arbeit. Sie nehmen sich immer so viel Zeit, wie sie brauchen.

Aufgaben für Gründliche

Gründliche verfolgen in ihrer Beharrlichkeit auch langfristige Ziele. Sie arbeiten ihre Aufgaben gründlich und Schritt für Schritt ab, sie übersehen nichts und lassen nichts aus.

Aufgaben, die sie übernehmen sollen, müssen diese Anforderungen an sie stellen. Denn auch wenn Gründlichkeit bei einer Aufgabe unwichtig ist, gehen sie trotzdem gründlich vor und verschwenden damit leicht viel Zeit. Sie hassen schlampige, oberflächliche Arbeit.

Aufgaben sollten sie geistig fordern, sonst haben sie kein Interesse daran. Idealerweise arbeiten sie allein, also muss man sich vorher genauestens mit ihnen abstimmen und sie dann in Ruhe lassen.

Gründliche beteiligen sich sehr gern an Planungen, aber die Verantwortung sollte möglichst ein anderer tragen. Sie selbst haben Probleme damit.

Sehr gern betätigen sie sich z.B. als Tester oder Prüfer. Als detailorientierte Menschen suchen sie mit Freuden, ausdauernd und erfolgreich nach den Lücken, die ein anderer gelassen hat. Auch wer ein Konzept oder einen Plan auf Vollständigkeit und/oder Schlüssigkeit prüfen lassen will, ist bei einer gründlichen Persönlichkeit gut beraten. Man muss eben nur genug Zeit mitbringen.

Natürlich sind Gründliche auch immer die richtigen Ansprechpartner, wenn man auf der Suche nach Informationen oder

Material ist. Sie lassen sich auch gern mit der Suche beauftragen.

Und nicht zuletzt sind Gründliche als analytisch veranlagte Menschen sehr gute Diskussionspartner, wenn es um Systemfragen geht. Sie beherrschen Systeme und Methoden, von denen andere nicht einmal ahnen, dass es sie überhaupt gibt.

Eine wahre Begebenheit: „Etwas Persönliches“

In einem Seminar werden die Teilnehmenden gebeten, etwas sehr Persönliches von sich zu berichten:

- Die ruhige Persönlichkeit erzählt von den Schwierigkeiten, die sie durch ihre Scheidung hat

- Die offene von der Adoption ihrer Kinder

- Die kämpferische von ihren sportlichen Aktivitäten

- Die gründliche von ihrem Mathematikstudium

Diese Geschichte verdeutlicht nochmals komprimiert die Unterschiede:

- Für Ruhige und Offene steht das Persönliche und Menschliche im Mittelpunkt. Für sie sind die anderen Menschen am wichtigsten, sie sehen in ihnen eine Bereicherung ihrer Existenz.

- Für Gründliche und Kämpfer stehen ihre Aktivitäten im Mittelpunkt. Andere Menschen kommen bei ihnen erst an zweiter Stelle.

Wer wie mit wem zurechtkommt

Die nachfolgend beschriebenen Konstellationen betreffen Fälle, in denen Personen an Aufgaben arbeiten, für die sie sich eignen. Ist dies nicht der Fall, nutzt auch die beste Verträglichkeit nichts mehr, z.B. wenn man eine Vertriebsabteilung mit zwei Gründlichen besetzt oder wenn ein Kämpfer und ein Offener gemeinsam die Buchhaltung machen sollen.

Kämpfer und Offene

Die Zusammenarbeit funktioniert gut bei entsprechender Aufgabenteilung, wie im Beispiel der zwei Referenten beschrieben (Seite 42-44). Wenn sie sich gegenseitig akzeptieren, erreichen sie gemeinsam viel, denn das zupackende Wesen verbindet sie. Dabei muss der Offene seinen Redeschwall zügeln und sich auf das Sachliche beschränken. Der Kämpfer muss akzeptieren, dass vieles, was der Offene tut, nur indirekt produktiv ist, z.B. die Plauderei mit Kunden und Kollegen.

Kämpfer und Ruhige

Am häufigsten haben Kämpfer Probleme mit Ruhigen. Da sie selbst überhaupt keine Beziehungsmenschen sind, werden sie von der persönlichen Art der Ruhigen irritiert oder genervt. Und weil sich die Dinge im positiven wie im negativen verstärken, sehen sie die Neigung der Ruhigen zur Langsamkeit und Gründlichkeit negativ, während sie die Gründlichen eben wegen ihrer Gründlichkeit meistens schätzen.

Kämpfer und Gründliche

Kämpfer arbeiten vor allem gut mit Gründlichen zusammen, sie treffen sich hervorragend auf der Sachebene. Sie einigen sich rasch darauf, dass der Gründliche die Detailangelegenheiten übernimmt, damit sind beide zufrieden. Auch macht der Gründliche dem Kämpfer nie die Führungsrolle streitig und der

Kämpfer kümmert sich gern um die Sonderfälle, Streitigkeiten etc.

Kämpfer und Kämpfer
Die Zusammenarbeit mit andern Kämpfern funktioniert nur bei sehr strenger Aufgabenteilung oder klaren Machtverhältnissen. Da beide ehrgeizig und dominant sind, sind sie eigentlich nicht verträglich miteinander. Das ist der Hauptgrund für das berüchtigte Hauen und Stechen in den Chefetagen, denn dort tummeln sich naturgemäß die Kämpfer.

Offene und Kämpfer
Siehe „Kämpfer und Offene“

Offene und Offene
Mit ihrem Spiegelbild kommen Offene in der Regel ziemlich gut zurecht. Dabei wird ihre Freude an der Kommunikation leicht zum Produktionshemmnis, sie plaudern tendenziell zu viel. Sie haben in der Regel keine Probleme, die Aufgaben unter sich aufzuteilen und akzeptieren sich gegenseitig so weit, dass sie keinen Chef brauchen. Es besteht aber eine erhebliche Gefahr, dass Dinge liegen bleiben, die beiden nicht interessant genug scheinen.

Offene und Ruhige
Sie treffen sich gut auf der persönlichen Ebene. Da der offene Persönlichkeitstyp auch seine Gefühle offen zeigt, ist er dem Ruhigen auf Anhieb sympathisch. Bereitwillig gehen beide eine persönliche Beziehung ein. Sie einigen sich rasch darauf, dass der Ruhige mehr für die Detailangelegenheiten zuständig ist, der Offene mehr für die „Außenkontakte“. Letzterer übernimmt meistens auch die Führungsrolle. Das größte Risiko ist auch bei diesen beiden, dass sie zu viel Zeit verplaudern.

Offene und Gründliche
Sind wie Feuer und Wasser. Ähnlich wie bei Ruhigen und Kämpfern prallen hier grundlegende Gegensätze aufeinander. Der Offene nervt den Gründlichen mit seiner Emotionalität und beunruhigt ihn mit seiner Oberflächlichkeit. Umgekehrt verliert der Offene rasch die Geduld, wenn er die Dinge mit der Gründlichkeit behandeln soll, die seinem Gegenpart vorschwebt. Der klassische Katastrophenfall ist das Verhältnis zwischen Entwicklungsabteilung und Vertrieb. Die Entwickler sind häufig Gründliche, die Verkäufer Offene.

Ruhige und Kämpfer
Siehe „Kämpfer und Ruhige“

Ruhige und Offene
Siehe „Offene und Ruhige“

Ruhige und Gründliche
Sie kommen miteinander zurecht, weil sie die Dinge auf ähnliche Weise angehen, nämlich ruhig und gewissenhaft. Der Ruhige muss damit leben, dass er keine echte emotionale Beziehung zum anderen bekommt. Das gelingt ihm recht gut, wenn die sonstigen Bedingungen passen. Der Gründliche kann sich meistens so tief in seine Arbeit versenken, dass ihn die Plauderei des Ruhigen mit anderen Personen nicht stört.

Ruhige und Ruhige
Passen sehr gut zusammen. Sie entwickeln eine positive, harmonische Beziehung zueinander. Jeder versteht den anderen und weiß, was er ihm zumuten kann und was nicht. Sie gehen sehr rücksichtsvoll miteinander um. Ähnlich wie bei zwei Offenen kann es passieren, dass beide gern die gleichen Dinge liegen lassen. Allerdings sind sie insgesamt gewissenhafter, deshalb ist die Gefahr in dieser Konstellation geringer.

Gründliche und Kämpfer
Siehe „Kämpfer und Gründliche“

Gründliche und Offene
Siehe „Offene und Gründliche“

Gründliche und Ruhige
Siehe „Ruhige und Gründliche“

Gründliche und Gründliche
Sie haben die gleichen Vorstellungen davon, was wichtig ist, deshalb kommen sie meistens gut miteinander zurecht. Wie immer, wenn sich gleich und gleich gesellt, besteht aber die Gefahr der Übertreibung und des Übersehens. Die größte Gefahr in dieser Konstellation ist folgerichtig, dass sie sich gegenseitig an Genauigkeit und Gründlichkeit überbieten und damit über das Ziel hinaus schießen. Beide sind keine Führungspersönlichkeiten und streiten sich deshalb in der Regel nicht um die Chefrolle.

Weiteres zur Verträglichkeit
Das bisher Gesagte betrifft die „normalen“ Fälle der Zusammenarbeit im privaten, beruflichen und ehrenamtlichen Bereich. Bei genauerem Ansehen der Person, wenn man auch das persönliche Umfeld kennt, kommt eine weitere interessante Möglichkeit ins Spiel.

Wer das Glück hatte, in einer Familie mit mehreren Geschwistern aufzuwachsen, wird folgende Erfahrung bestätigen: Geschwister entwickeln sich fast immer zu unterschiedlichen Persönlichkeitstypen[28], jedenfalls die direkt benachbarten bzw. die „Lieblingsgeschwister“.

---

[28] Psychologen begründen dies damit, dass Kinder um die Aufmerksamkeit ihrer Eltern konkurrieren müssen. Täten sie das alle mit den gleichen Methoden (oder Wesenszügen), wären die älteren immer im Vorteil. Also müssen sich die jüngeren Geschwister eben von den

Somit hat man schon als Kind reichlich Erfahrung im Umgang mit dem Persönlichkeitstyp dieses Geschwisters gesammelt. Vor allem bei Einzelkindern kann es auch der Typ des bevorzugten Elternteils sein. Mit einer frappierenden Häufigkeit heiraten Menschen Partner(innen), die dem Typ ihres bevorzugten Geschwisters oder Elternteils entsprechen[29].

Auch in Beruf und Ehrenamt sollte man bei der Zusammenstellung von Arbeitsgemeinschaften und Außenkontakten (Kundenbesuch, Vertrieb) hierauf achten. Im Zweifel orientiert man sich am Typ des Lebenspartners. Eine Konstellation nach Lebenspartner(in), bzw. Geschwister- oder Elterntyp hat besonders gute Erfolgsaussichten, vor allem dann, wenn die beiden Personen lange und sehr eng zusammenarbeiten müssen.

Wer allein arbeitet, sollte einmal feststellen, mit welchem Persönlichkeitstyp er ggf. gar nicht zurechtkommt. Diesen Typ kann man dann in vielen Fällen einfach meiden. Man muss sich nicht jeden Kunden antun. Auch ist es immer eine gute Methode, sich auf eine Zielgruppe zu spezialisieren und auf diese genauer einzugehen. So ist z.B. dieses Buch für Ruhige und Offene geschrieben. Die wenigen Kämpfer und Gründlichen, die es je lesen werden, sind hier einfach im Nachteil. Aber allen anderen wird es dafür umso besser gerecht.

älteren unterscheiden. So zeigt die Erfahrung z.B., dass die älteren sich meistens mit den bestehenden Verhältnissen besser arrangieren, während Jüngere öfter eine Tendenz zum Revolutionären haben.

[29] Die tragische Entsprechung dazu ist das Phänomen, dass Kinder von Alkoholikern oftmals wieder Alkoholiker heiraten, weil sie eben gelernt haben, mit ihnen umzugehen. Ihr Verhalten ist aufeinander eingespielt, ähnlich wie im Kapitel „Wenn Wirklichkeiten zu Problemen führen“ beschrieben.

Misch- und Mehrfachpersönlichkeiten

Etwa dic Hälfte aller Menschen ist eindeutig in einer der vier Ecken des Persönlichkeitsschemas zu finden, also ziemlich klar einem Persönlichkeitstyp zuzuordnen. Das bedeutet, ihr Zutrauen zu sich selbst ist eindeutig hoch (rechts von der Mitte) oder eindeutig gering (links von der Mitte), ebenso ihr Zutrauen zu anderen.

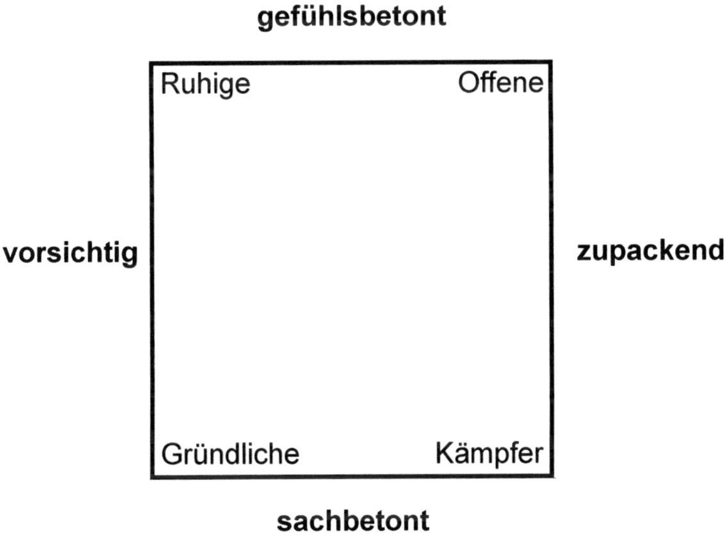

Natürlich gibt es daneben viele Menschen, deren Zutrauen zu sich oder anderen weder besonders hoch noch besonders gering ist. Sie müssten in diesem System gleichsam in der Mitte stehen bleiben.

Eine derart „mittige“ Persönlichkeit der oberen Hälfte zeigt deutlich sowohl Züge des ruhigen, als auch des offenen Typs. Sie müsste an der Oberkante in der Mitte Position beziehen. Wir bezeichnen sie hier als Mischtyp „E“ (für emotional, siehe Grafik nächste Seite).

Eine zupackende Persönlichkeit von der rechten Seite ist weder so eindeutig gefühlsbetont und freundlich wie eine typisch Offene, noch so ernst und angespannt wie eine typisch kämpferische. Sie muss am rechten Rand eingeordnet zu werden, wiederum in etwa mittig als Mischtyp „Z“ (wie zupackend).

Eine stark sachbetonten Persönlichkeit, die Probleme hat, offen auf Menschen zuzugehen, ohne deshalb öffentliche Auftritte zu meiden, wird auch bei ihrer Arbeit nicht regelrecht zaudernd, aber auch nicht wirklich zupackend sein. Sie wäre somit in etwa mittig am unteren Rand einzuordnen als Mischtyp „S“ (wie sachbetont).

Entsprechend wäre eine vorsichtige Person, die nur „bedingt gefühlsbetont“ auftritt, am linken Rand in der Mitte einzuordnen als Mischtyp „V“ (wie vorsichtig).

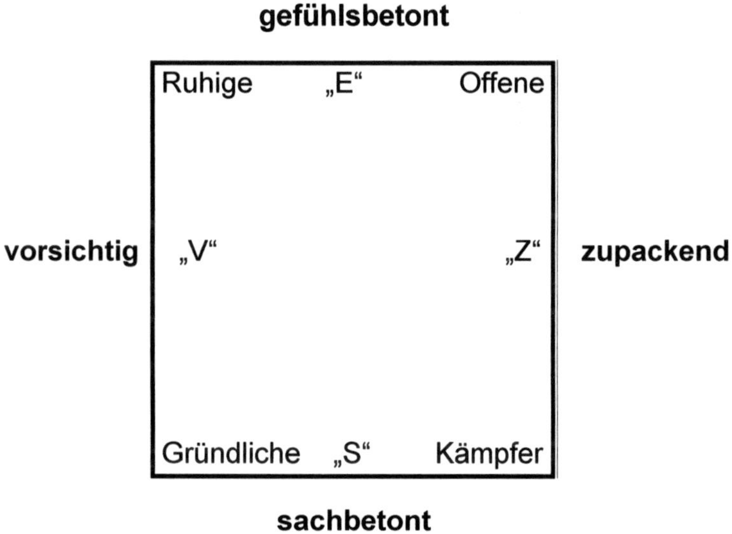

Wer mathematisch-naturwissenschaftlich denkt, erkennt in diesem Schema jetzt natürlich ein Koordinatensystem. Von links nach rechts wird das Zutrauen zu sich selbst immer größer. Am linken Rand beträgt es (theoretisch) 0, am rechten 100 %. Das gleiche gilt für den Wesenszug „zupackend". Er nimmt von links nach rechts zu.

Ebenso verhält es sich mit dem Zutrauen zu anderen. Am unteren Rand ist es 0 % (also sozusagen nicht vorhanden), am oberen Rand 100 % (also uneingeschränkt). Damit einher geht die Emotionalität. Sie nimmt von unten nach oben zu.

Bild: Eine ruhige Persönlichkeit mit einem Selbstvertrauen, das deutlich über Null liegt, d.h. mit Tendenz zur Mitte

Mischtypen sind also Persönlichkeiten, die mehr oder weniger immer den gleichen Verhaltensstil zeigen, wobei dieser meist zwischen zwei der beschriebenen Grundtypen liegt. Meistens liegen sie auch innerhalb einer Hälfte, nur zeigen sie deutlich Verhaltenstendenzen von beiden Typen.

- Eine Mischpersönlichkeit der oberen Hälfte ist damit immer emotional, eine der unteren immer sachbezogen. Beide sind aber weder wirklich zupackend noch ausgesprochen vorsichtig. Sie werden die Dinge etwas gründlicher überlegen als eine rein rechtsseitige Persönlichkeit, aber nicht so zaudernd sein wie eine rein linksseitige.

- Eine Mischpersönlichkeit der rechten Hälfte ist entsprechend immer zupackend, eine linksseitige immer vorsichtig. Beide sind mal etwas emotionaler, mal etwas distanzierter. Sie werden nie so überschäumend emotional reagieren wie eine offene Persönlichkeit und nie so herzlich wie eine ruhige. Sie werden aber auch nie so rücksichtslos sein wie eine ausgeprägt kämpferische Persönlichkeit und nie so reserviert wie eine ausgeprägt gründliche.

Ansonsten muss man Mischpersönlichkeiten einfach etwas genauer beobachten als andere, um ihre gesamten Verhaltenstendenzen zu erkennen. Gleichzeitig riskiert man weniger, denn man erkennt rasch die Zugehörigkeit zu einer der vier Hälften und kann sich damit bereits etwas annähern. Wenn man dann doch einmal in einem einzelnen Fall daneben greift (z.B. ein etwas zu derber Witz), dann hat man bei einer Mischpersönlichkeit einfach nicht ganz so weit daneben gegriffen wie bei einer anderen und damit auch keinen so großen Schaden angerichtet.

Mehrfachtypen ändern ihr Verhalten je nach der Situation, in der sie sich gerade befinden. Dabei prägen sie die zwei „Wirklichkeitsfaktoren", also das Zutrauen zur eigenen und zur anderen Person, bzw. das allgemeine Sicherheitsgefühl:

- Eine Persönlichkeit der oberen Hälfte wird in den offenen Verhaltensstil verfallen, wenn sie sich in der aktuellen Situation sicher fühlt, z.B. wenn sie es mit Menschen zu tun hat, die sie gern mögen, wenn kein Ärger droht etc. Folgerichtig verfällt sie leicht in den ruhigen Stil, wenn sie die äußeren Umstände weniger positiv einschätzt.

- Eine Persönlichkeit der unteren Hälfte wird in den kämpferischen Verhaltensstil verfallen, wenn sie sich in der aktuellen Situation stark fühlt, z.B. wenn sie es mit Menschen zu tun hat, die sie für schwächer hält als sich selbst, wenn sie sich durch Schwierigkeiten herausgefordert fühlt etc. In den gründlichen Stil verfällt sie, wenn sie die Bedrohlichkeit der Situation höher als ihre eigenen Möglichkeiten einschätzt.

- Eine Persönlichkeit der rechten Hälfte wird in den offenen Verhaltensstil verfallen, wenn sie sich gut fühlt, z.B. wenn sie sich unter Freunden wähnt, wenn kein Ärger droht etc. Sie wechselt in den kämpferischen Stil, wenn sie die äußeren Umstände (oder Personen) negativ einschätzt.

- Eine Persönlichkeit der linken Hälfte wird in den ruhigen Verhaltensstil verfallen, wenn sie sich gut fühlt, z.B. wenn sie unter Freunden ist, wenn kein Ärger droht etc. Sie wechselt in den gründlichen Stil, wenn sie die äußeren Umstände (oder Personen) negativ einschätzt oder sich unsicher fühlt.

Somit ergibt sich, dass Mehrfachtypen immer mehr oder minder genau in einen Verhaltensstil verfallen und dann entsprechend ansprechbar sind. Man muss also lediglich erkennen, wie sie sich gerade fühlen. Dafür stehen vor allem Mimik, Gestik und Stimme (einschließlich Lautstärke) zur Verfügung wie beschrieben.

Sehr selten kommen Mehrfachtypen vor, die schräg durch das Schema springen, also zwischen ruhig und kämpferisch oder zwischen gründlich und offen. Bei ihnen springen also gleichzeitig beide Wirklichkeitsfaktoren um. Diese Fälle sind sehr selten und es genügt, sie dann wie die anderen Mehrfachtypen auch gemäß ihrer momentanen Wirklichkeit zu nehmen. Allerdings ist man beim erstmaligen Auftreten solcher Sonderfälle einigermaßen irritiert.

Bild: Eine Mischpersönlichkeit der rechten Seite. Der rechte Zeigefinger und die freie Kehle weisen eindeutig in diese Richtung.

Wahre Begebenheiten mit Misch- und Mehrfachpersönlichkeiten

Freund(schaft)liche Kontrolle

Im Jahr 2003 musste ich einen Monat lang die telefonische Kundenbetreuung für ein frisch gestartetes Internetsystem übernehmen. Am ersten Morgen um zwei Minuten nach acht Uhr klingelte das Telefon. Natürlich war das mein kämpferisch-offener Geschäftspartner, der das Projekt leitete. Seine Telefonnummer war im Display zu sehen. Ich meldete mich als die Hotline des Auftraggebers und fragte den Anrufer, ob er schon das Handbuch gelesen habe. Wir lachten und er wünschte mir viel Spaß. Der Kämpfer in ihm hätte ihm keine Ruhe gelassen, wenn er sich nicht persönlich davon überzeugt hätte, dass ich zur Stelle bin. Und der Offene ist eben immer für einen Spaß zu haben.

Weiterentwicklung

Eine ehemalige Arbeitskollegin meiner Frau hatte ich als ausgeprägt ruhige Persönlichkeit kennen gelernt. Als ich sie Jahre später zufällig am Arbeitsplatz beobachten konnte, fiel mir ihre laute Stimme auf, die so gar nicht in das Bild passte, das ich von ihr hatte. Aus der Nähe konnte ich schließlich sehen, dass sie mittlerweile auch einen Ring am Mittelfinger trägt. Sie hat ihre Persönlichkeit „nach rechts“ erweitert.

„Ja, so war ich früher“

Häufig passiert es mir in Seminaren, wenn ich nach der offenen Persönlichkeit die Ruhige beschreibe, dass Teilnehmende vom offenen Typ sagen: „Ja, so war ich früher. Ich habe mich wohl allmählich von links nach rechts entwickelt“. Mit der Reife kommt eben auch oft ein höheres Selbstvertrauen. Und diese Menschen haben natürlich nach wie vor auch das ruhige Wesen in sich. Sie können sich besonders gut in Ruhige hineinfühlen und sie werden in manchen Situationen auch wieder das typische Verhalten einer ruhigen Persönlichkeit zeigen.

„lange nicht gesehen“

Es klingelt an der Haustür, draußen steht ein ehemaliger Kollege, eine rechtsseitige Doppelpersönlichkeit, wir haben uns seit mindestens zehn Jahren nicht gesehen, die Freude ist groß. Er kommt einfach spontan vorbei, er war zufällig in der Gegend. Wir setzen uns und plaudern, mitten im „Arbeitsurlaub“ ist mir die Unterbrechung höchst willkommen. Allerdings darf ich mir von ihm deshalb anhören: „Deinen Hals könntest du mal wieder ausrasieren“. Spontane Herzlichkeit und starke Dominanz stecken eben beide in ihm drin.

Das ist nicht der ganze Mensch!

Das System der Persönlichkeitstypen kann natürlich nicht den ganzen Menschen erfassen. Es hilft, Menschen rascher einzuschätzen, einfühlsamer mit ihnen umzugehen und Ärger zu vermeiden. Es wäre allerdings fatal, andere Menschen immer und ausschließlich auf die hier behandelten Wesenszüge festzulegen.

Manche gehen so weit, dass anderen auf Grund deren Persönlichkeitstyps bestimmte Fähigkeiten pauschal absprechen („Das ist ein Offener, der kann nicht strukturiert denken“). Das ist natürlich vollkommener Unfug. Es gibt Ruhige, die Chef einer sehr gut funktionierenden Gruppe sind und es gibt rücksichtsvolle Kämpferpersönlichkeiten. Auch Offene erledigen Aufgaben akkurat, wenn es sein muss und selbst Gründliche entscheiden sich hin und wieder spontan, bei einer verrückten Aktion mitzumachen. Jeder Mensch springt auch ab und zu über seinen Schatten.

Man sollte deshalb nach und nach auch immer wieder die Grenzen einer Person testen und beobachten, was sie noch von sich offenbart. Anderenfalls lässt man wunderbare Möglichkeiten ungenutzt. Jeder Mensch hat viele weitere interessante Eigenschaften und ein Mensch ist viel mehr als die Summe dieser Eigenschaften!

Zur Vertiefung: Wie mächtig sind Wirklichkeiten?

Sagt eine Laborratte zur anderen: „Den Mann da habe ich toll abgerichtet. Immer, wenn ich diesen Hebel hier drücke, gibt er mir was zu futtern."
(alter Witz unter Psychologen)

Nirgendwo kann man unterschiedliche Wirklichkeiten so leicht studieren wie bei der Lektüre von Leserbriefen. Speziell, wenn man selbst den Zeitungsartikel gelesen hat, auf den sich die Leserbriefe beziehen, lernt man hier leicht und rasch eine ganze Menge. Lediglich muss man sich dazu entschließen, die eigene Meinung hintan zu stellen und die Meinungen der Schreiber ganz nüchtern als Ausdruck ihrer Wirklichkeit zu nehmen. So gesehen ist es ein sehr gutes Training für den Umgang mit Wirklichkeiten.

„Ein Terrorist wird überfallen"
Ich hörte zufällig ein Gespräch mit, in dem eine Bäuerin aus der Generation meiner Eltern empört von einer Geschichte erzählte, die sie im Fernsehen gesehen hatte: Da hatte eine Bande von Jugendlichen einen deutschen Terroristen überfallen und beraubt. So recht konnte ich nicht glauben, dass diese Frau Mitleid mit einem Terroristen haben könnte und hörte genauer hin. Allmählich wurde klar, dass es sich nicht um einen Terroristen, sondern um einen Touristen handelte. Aber für sie als typische Vertreterin ihrer Generation war eben beides – Terrorismus und Tourismus – gleich weit weg, beides nicht Bestandteil ihrer Wirklichkeit.

Ähnlich verhält es sich, wenn jemand Millionen und Milliarden durcheinander bringt: Mit Geldbeträgen dieser Größe haben die allermeisten von uns nichts zu tun, und dann passiert so eine Verwechslung eben ganz leicht.

Das Pferd, das rechnen konnte

Wenn zwei völlig unterschiedliche Wirklichkeiten zusammentreffen, dann ist keineswegs sicher, dass die Beteiligten das merken und die entstehenden Unstimmigkeit aus der Welt schaffen. Manchmal könnte man glauben, dies geschähe sogar nur in Ausnahmefällen. Eines der lehrreichsten Beispiele für die unglaublichen Täuschungen, die so entstehen, ist die Geschichte vom „klugen Hans", einem Pferd, dessen Besitzer überzeugt war, es könne rechnen[30].

Was war geschehen? Wir schreiben das Jahr 1905. Ein pensionierter Schulrektor namens von Osten konnte seinem Pferd Hans Rechenaufgaben stellen und Hans klopfte mit dem Huf das richtige Ergebnis. Wurde er also gefragt, wie viel fünf plus zwei sei, dann klopfte er siebenmal. Dies tat er auch, wenn sein Besitzer nicht anwesend war und ein Fremder ihm die Aufgaben stellte. Konnte der kluge Hans also tatsächlich rechnen? Oder war es ein besonders raffinierter Betrug?

Die Erklärung überraschte schließlich alle. Der kluge Hans konnte seine Aufgaben nur dann „lösen", wenn er Blickkontakt zu der Person hatte, die ihn befragte und diese die richtige Antwort wusste. Er erkannte dann an verschiedenen winzigen unbewussten Veränderungen der Körperhaltung des Prüfers, wann er mit dem Klopfen beginnen sollte, und wann er wieder aufhören musste. Wenn er das richtig tat, dann gab es Futter zur Belohnung, z.B. Brot oder Mohrrüben. Also tat er stets sein bestes.

Die einfache, von allen Menschen unbeachtete Wirklichkeit des klugen Hans war: „Wenn ich auf ein bestimmtes Zeichen hin anfange zu klopfen und auf ein anderes Zeichen hin

---

[30] Wer sich für das Thema Wirklichkeit wirklich interessiert, der lese: Paul Watzlawick. „Wie wirklich ist die Wirklichkeit?" Piper Verlag 30. Auflage 2004 ISBN 3-492-20174-1. Dort wird u.a. auch die Geschichte vom klugen Hans ausführlich erzählt.

wieder aufhöre, dann gibt es etwas Leckeres zu futtern." Dafür musste er allerdings etwas sehr gut beherrschen, was in der Wirklichkeit der meisten Menschen damals nicht vorkam: Er musste die Körpersprache von Menschen verstehen. Dies gelang ihm in der Tat in beeindruckender Weise.

Die hier stark vereinfacht wiedergegebene Wirklichkeit seines Besitzers war dagegen: „Mein Pferd hat von mir gelernt, Rechenaufgaben zu lösen", bzw. „Ich habe entdeckt, dass Pferde rechnen können." Wir verzichten auf jede Art Spott und halten einfach fest: Viele gescheite Menschen mussten viel Zeit und Mühe aufwenden um herauszufinden, dass die Wirklichkeit eines „dummen" Pferdes vielleicht „richtiger" war als die seines „gescheiten" Lehrers. Denn: Der kluge Hans konnte weder zählen noch rechnen. Aber er wusste viel über Körpersprache und erarbeitete sich damit eine Menge leckeres Futter. Sein Lehrer aber war überzeugt, sein kluger Hans könne rechnen und war somit der „Betrogene".

Wirklichkeiten sind mächtiger als Tatsachen

Was tat der Rektor von Osten daraufhin? Nachdem er erst zornig auf seinen Hans war, ließ er keine weiteren Überprüfungen der Sache zu und „lernte" angeblich sozusagen unter Ausschluss der Öffentlichkeit weiter mit seinem „Schüler". So lebten die beiden also in ihren unterschiedlichen Wirklichkeiten weiter miteinander und machten sich gegenseitig viel Freude.

Es kam von Osten demnach nicht in den Sinn, Konsequenzen aus den neuen Erfahrungen zu ziehen. Er ignorierte sie einfach zugunsten seiner selbst erworbenen Wirklichkeit. Das wäre typisch, dies kann man immer wieder beobachten. Andere Quellen behaupten, von Osten sei kurz darauf wegen dieser Enttäuschung an gebrochenem Herzen gestorben.

Die enorme Sensibilität des klugen Hans aber, die sich hier offenbarte, war damals keiner weiteren Erforschung wert. Dies passte nicht in die Wirklichkeit der Menschen dieser Zeit, in der Tiere einfach dumm und unsensibel zu sein hatten.

Ist das zu lange her? Ist das eine Zeit, die mit der unseren nicht mehr vergleichbar ist, weil die Menschen noch nicht so gebildet waren wie heute? Nun, im Jahr 1905 veröffentlichte Albert Einstein seine Relativitätstheorie. Das ist etwas, das auch heute noch die wenigsten von uns begriffen haben. In unserer Wirklichkeit ist die Relativitätstheorie einfach die geniale Leistung, für die Einstein den Nobelpreis bekommen hat[31].

Die deutsche Rechtschreibung als individuelle Wirklichkeit

In der deutschen Rechtschreibung gibt es Regeln, die besagen, was als richtig und was als falsch gilt. Dies ist natürlich auch eine Wirklichkeit. Denn wer gegen diese Regeln verstößt, bekommt eine Wirkung zu spüren, er wird auf die eine oder andere Weise bestraft. Und wie jede Wirklichkeit, so ist auch diese jedenfalls zum Teil individuell, wie die Trennungen „war-um", „Inter-esse" oder „All-ergie" zeigen. In allen drei Fällen erfolgt die Trennung an der Wortgrenze und ist damit regelgerecht[32]. In der Wirklichkeit der meisten Deutschen, die sich um die Wortherkunft vernünftigerweise keine Gedanken machen, ist das schlichter Unfug. In der Wirklichkeit der meisten Deutsch- Latein- oder Griechischlehrer aber von großer Wichtigkeit, sozusagen eine Säule abendländischer Kultur.

Somit ist das Risiko eines Schülers an dieser Stelle das Gegenteil dessen, was uns außerhalb der Wirklichkeit der Schule

---

[31] Es ist nahezu bedeutungslos, dass das nicht stimmt. Für die meisten Menschen ändert sich überhaupt nichts, wenn sie erfahren, dass Einstein den Nobelpreis nicht für die Relativitätstheorie, sondern für seine Beiträge zur Quantentheorie bekommen hat. Denn beides kommt in ihrer Wirklichkeit nicht vor.

[32] „Warum" bestand vor ca. 1000 Jahren aus den Wörtern „war" und „umbe".

passieren kann. Der Schüler macht einen Fehler, wenn er „Inte-resse" trennt. Wenn ich dagegen in einem geschäftlichen Brief richtigerweise „Inter-esse" trenne, dann wird die Mehrheit der Nicht-Deutsch-Latein-oder-Griechisch-Lehrer behaupten, ich hätte keine Ahnung von Rechtschreibung. Dies kann dazu führen, dass ich bei einer Bewerbung oder einer schriftlichen Geschäftsanbahnung gar nicht erst vorgelassen werde und mich so um den Erfolg bringe! Ebenso gut kann es mir passieren, dass ich vorsichtshalber „falsch" trenne, weil ich meine, der andere hält es für „richtig" und dann scheitere ich, weil er es eben doch besser weiß.

Dies sind nur drei kleine Beispiele aus einer großen Anzahl von Regeln und Ausnahmen in der deutschen Rechtschreibung. Jede Regel und jede Ausnahme kann nun jeder einzelne Deutsche kennen oder nicht kennen. In der Kombination ergibt das rasch eine fast unendliche Zahl unterschiedlicher Wirklichkeiten[33].

Wirklichkeiten sind Glaubenssache

Spätestens an diesem Beispiel erkennen wir sehr deutlich, dass unser Erfolg von der Wirklichkeit anderer Menschen abhängig ist. Und es glaube niemand, man könne „aufklären", „Recht haben" oder ähnliches. Dann gehen wir sofort in die nächste Falle. Denn viele Menschen wollen sich wie der Rektor von Osten von ihrer Wirklichkeit gar nicht trennen und sie nehmen deshalb übel, wenn wir sie belehren wollen.

---

[33] Gemäß neuer Rechtschreibung sind momentan (Sommer 2005) auch die Trennungen „wa-rum", „Al-lergie", und „Inte-resse" erlaubt, weil eben die alten Regelungen für die allermeisten Deutschen unverständlich sind. Das vervielfacht wieder die Wirklichkeitsvarianten: Wer die Regeländerung kennt, beurteilt die Sache wiederum anders als der, der sie nicht kennt. Noch tagen Kommissionen, die entscheiden werden, ob man diese Vereinfachungen auf Dauer verantworten kann. Wie auch immer das Ergebnis aussehen wird: Die Zahl der individuellen Wirklichkeiten wir davon nicht kleiner.

Geschäft braucht unterschiedliche Wirklichkeiten

Allerdings ist all dies kein Grund, zu verzagen. Schließlich sind unterschiedliche Wirklichkeiten der Normalfall. Sie führen zu unterschiedlichen Interessen und nur so ergibt sich überhaupt die Möglichkeit, mit anderen ins Geschäft zu kommen! Die Unkenntnis dieser Tatsache ist einer der Hauptfehler von unerfahrenen Verhandlern. In ihrer Wirklichkeit will der andere Verhandlungspartner immer nur dasselbe, das auch sie wollen, also z.B. möglichst wenig Geld bezahlen bzw. möglichst viel bekommen. Deshalb streiten sie mit dem anderen mit allen Mitteln ums Geld und erreichen wenig oder scheitern sogar.

Erfahrene Verhandler wissen es besser. Sie stellen eine neue gemeinsame Wirklichkeit her, in der es um mehr geht. Sie erweitern den Verhandlungsrahmen und bringen andere Dinge ins Spiel, die wichtig für die andere Partei sein können. Das beginnt bei den Lieferzeiten, geht über zusätzliche Leistungen, die man erbringen kann und ist bei kreativen Zahlungsmodalitäten noch lange nicht zu Ende. In jedem Fall geht es um Dinge, die etwas mit der individuellen Wirklichkeit des Verhandlungspartners zu tun haben. Über diese Wirklichkeit muss man informiert sein und etwas daraus machen. Dabei sind der Phantasie nahezu keine Grenzen gesetzt.

Mädchenschule im Talibangebiet – Verhandlungsprofis nutzen Wirklichkeiten[34]

Nur durch die Einbeziehung der Wirklichkeit des anderen gelang es z.B. dem Militärarzt Reinhard Erös, in einem von den Taliban kontrollierten Gebiet eine Mädchenschule zu eröffnen. Zur Erinnerung: Als die Taliban Afghanistan unter ihre Kontrolle gebracht hatten, schlossen sie sofort alle Mädchen und Frauen von allen Bildungseinrichtungen aus. Wie es Erös dennoch gelang, eine Mädchenschule zu eröffnen, ist ein Schul-

---

[34] Reinhard Erös: „Tee mit dem Teufel“ Hoffmann und Campe ISBN 3-455-01801-7

beispiel für kluges Verhandeln und damit für einen eleganten Umgang mit Wirklichkeiten.

Erös wusste, dass er gegen den Willen der Taliban nichts tun konnte, also musste er sie einbinden. Es wurde ein Treffen arrangiert, bei dem er einem ranghohen Taleb[35] seinen Plan vortragen konnte. Zunächst ließ Erös den anderen ausführlich über die glorreichen Heldentaten der Taliban und die unendliche Weisheit ihres Führers, dessen Mut und so weiter schwadronieren. Wir dürfen getrost vermuten, dass Erös im Großen und Ganzen da völlig anderer Meinung war, aber er ließ erkennen, dass er aufmerksam zuhörte und widersprach mit keiner Silbe. Damit hatte er einen wichtigen Punkt gemacht, denn er hatte dem anderen seine Wirklichkeit gelassen und diesen damit positiv gestimmt, so dass er überhaupt bereit war, ihn anzuhören.

Als Erös schließlich zu Wort kam, fragte er den Taleb, warum es denn im Taliban-Gebiet keine Schulen für Mädchen gebe. Der antwortete ausweichend, es seien viele Schulen zerstört und man müsse sie erst wieder aufbauen, aber man habe derzeit wichtigeres zu tun und man werde sich zu gegebener Zeit darum kümmern. Daraufhin fragte Erös, wie es denn mit der Geschlechtertrennung im Gesundheitswesen sei und der andere antwortete ihm stolz, dass selbstverständlich alle Krankenhäuser getrennte Abteilungen für Männer und Frauen hätten und dass alle Patienten nur von Personen ihres Geschlechts behandelt würden.

Dann kam Erös' entscheidender Vorstoß: „Was werdet ihr tun, wenn die Ärztinnen und Schwestern, die derzeit diese Arbeit machen, nach und nach aus dem Beruf ausscheiden? Wer wird dann ihre Arbeit tun? Woher werdet ihr dann die entsprechend ausgebildeten Frauen bekommen?“ Als der andere

---

[35] Dies ist m.E. die korrekte Einzahl von „Taliban“.

darauf keine Antwort wusste, bot Erös an, eine Schule für Mädchen zu eröffnen, damit es Nachwuchs für das Gesundheitswesen gebe und fügte hinzu, dass diese Schule den Taliban selbstverständlich jederzeit offen stünde. Innerhalb weniger Tage hatte er die Zustimmung der Taliban.

Die Wirklichkeit ist mächtiger als das Schwert

Weder mit viel Geld, noch mit viel Militär wäre das erreichbar gewesen, was Erös hier praktisch kostenlos in kürzester Zeit bekam. Dafür hatte er vor allem eins getan: Er hatte die Wirklichkeit des anderen als das genommen, was sie ist, nämlich als dessen Wirklichkeit. Er hatte sie nicht bekämpft, sondern sie sich zunutze gemacht, getreu dem uralten Prinzip: „Der Wurm muss dem Fisch schmecken, nicht dem Angler“.

Erös erzählt in seinem Buch „Tee mit dem Teufel“ weitere Geschichten, die viel mit unterschiedlichen Wirklichkeiten zu tun haben. So z.B., wie ein deutscher Arzt, der den Menschen in Afghanistan helfen will, beinahe von eben diesen Menschen erschossen wird, weil man ihn auf Grund seines „verdächtigen Verhaltens“ für einen feindlichen Agenten hält und der Arzt selbst bis zuletzt nicht einmal merkt, dass er überhaupt in Gefahr ist. Wie Erös diesen armen Ahnungslosen dann schließlich aus seiner Notlage befreit, ist das nächste Beispiel dafür, wie viel man erreichen kann, wenn man dem anderen seine Wirklichkeit lässt, egal, was man davon hält und egal, wie „objektiv falsch“ sie sein mag.

„Tee mit dem Teufel“ ist ein überaus lehrreiches Buch für Menschen, die Menschen mögen.

Zusammenfassung

Wir Menschen sind den Wirklichkeiten – unseren wie denen der anderen - nahezu ausgeliefert. Das Angehen gegen Wirklichkeiten ist so mühsam wie das Schwimmen gegen den Strom. Andererseits führt die Bereitschaft zum Tolerieren der

Wirklichkeit einer anderen Person zu Entspannung. Und der verständige, kreative Umgang mit dieser Wirklichkeit macht scheinbar Unmögliches möglich. Besonders dann, wenn wir verinnerlichen, dass Menschen nicht verstockt oder böse sind, sondern dass jeder Mensch in seiner eigenen Wirklichkeit lebt, dass sie seine Wirklichkeit ist und sich zwangsläufig von unserer unterscheiden muss.

Wenn Wirklichkeiten zu Problemen führen

So sehr vor allem das Beispiel von der Mädchenschule auch begeistert – im Alltag wenden wir solche Lösungen nur selten an. Zu sehr sind wir alle in unseren eigenen Wirklichkeiten gefangen. Das führt dann immer wieder zu den typischen Problemen, die sich so schwer lösen lassen.

Was geschieht in solchen Fällen? Dazu noch ein Beispiel:

„Telefonterror“

Nicht die Dinge selbst beunruhigen uns,
sondern die Meinungen, die wir über sie haben.
(Epiktet, griechischer Philosoph)

An meinem ersten Arbeitsplatz war ich für ein Softwarehaus tätig, das sich auf Komplettlösungen für die Warenbewirtschaftung in Apotheken spezialisiert hatte.

Es gab einen Kunden, der die ganze Firma nervte. Täglich mehrfach rief er an und beschwerte sich über alles mögliche und vielleicht auch unmögliche. Wer immer konnte, drückte sich davor, mit ihm zu tun zu bekommen. Dadurch verzögerte sich natürlich vieles und dadurch erhöhte der Kunde natürlich wieder seinen Druck.

Bei einer Hausmesse konnte ich ihn dann einmal aus der Ferne beobachten. Er war mit seiner Familie gekommen und an seinem Umgang mit seinen Kindern konnte man rasch erkennen, dass dieser Mann ein ausgesprochen warmherziger Mensch war. Er liebte offenbar seine Kinder und sie ihn. Daraufhin wollte mir nicht mehr einleuchten, dass es mit diesem Menschen ernsthafte Probleme geben konnte. Ich sprach darüber mit einem anderen Kunden, der ihn persönlich kannte, und der bestätigte das.

Ich drehte also den Spieß um und kümmerte mich intensiv um ihn. Wann immer er anrief, regelte ich seine Anliegen sofort, egal, wie unbedeutend sie auch waren. Rief er eine Zeitlang nicht mehr an, dann rief ich ihn an. Auf diese Weise kam man sich rasch näher und es entwickelte sich ein sehr angenehmes Verhältnis zu Herrn S. Dies war eine Sache von wenigen Tagen, vielleicht zwei Wochen.

Beiläufig stellte sich dann auch heraus, warum er so unausstehlich gewesen war. Als das System bei ihm installiert wurde, machten sich die beiden Mitarbeiter unserer Firma in seinen Augen lustig über die Anlage, die er erworben hatte. Natürlich lag das den beiden fern, sie waren nur einfach gut gelaunt und trieben während der Arbeit ein paar Späße und merkten nicht, dass sie vom Kunden beobachtet wurden. Damit riefen sie in dem armen Mann (ein ruhiger Typ) aber eine Vertrauenskrise erster Güte hervor. Das versetzte ihn so in Panik, dass er überall Probleme, Verrat und wer weiß was noch alles sah. Nachdem sein Vertrauen wieder hergestellt war, war Herr S. ein ausgesprochen angenehmer und umgänglicher Kunde. Ganz so eben, wie es für eine ruhige Persönlichkeit typisch ist.

Was wäre anders gewesen, wenn es sich um einen Kämpfer gehandelt hätte? Hätte ein Kämpfer diese Art Terror gemacht, dann wäre wohl eher zu vermuten gewesen, dass er zusätzliche Leistungen schinden oder Geld zurück möchte. Kämpfer beschäftigen sich nicht so intensiv mit Details. Hätte er die Spaßvögel beobachtet und ihnen zugehört, dann hätte er sie umgehend zusammengestaucht und ihnen klar gemacht, dass sie sich gefälligst um ihre Arbeit kümmern sollen.

Ein Offener hätte sie vermutlich ebenfalls an ihre Pflichten erinnert, allerdings hätte er freundliche Worte gefunden. Zusatzleistungen oder Nachlässe hätte er sich eher auf dem Weg der Kommunikation besorgt.

Ein Gründlicher hätte in beiden Fällen wahrscheinlich einen mindestens fünfseitigen Beschwerdebrief geschrieben. Selbstverständlich ohne Rechtschreibfehler, mit schlüssiger Beweisführung und im Blocksatz.

Wie wirken hier Wirklichkeiten?

Die unterschiedlichen Wirklichkeiten der Beteiligten führen zu unterschiedlichen Aktionen und Erwartungen. In der Wirklichkeit des Kunden ist das Vertrauen schwer erschüttert und dagegen arbeitet er an. Mit jedem Anruf will er den Dienstleister veranlassen, sich um ihn zu kümmern. In der Wirklichkeit des Dienstleisters nervt er dagegen einfach, stiftet Unruhe und Unfrieden.

Das eigentlich Schlimme daran ist nun, dass jeder Beteiligte unbeabsichtigt dafür sorgt, dass sich die Situation weiter verschlimmert. Der Kunde, indem er immer häufiger anruft, und die Mitarbeiter des Dienstleisters, indem sie immer öfter versuchen, einfach dem Kunden zu entgehen. Alle Beteiligten handeln dabei im Rahmen ihrer Wirklichkeit richtig und vernünftig, auf keinen Fall kann man ihnen unterstellen, sie seien bösartig oder dumm. Trotzdem tragen sie tatkräftig dazu bei, dass sich das Problem weiter verschlimmert.

Teufelskreise

Ein verschrobener Mensch ist jemand, der hartnäckig
eine Meinung vertritt, die du nicht teilst
(unbekannt)

Es ist dann nur noch eine Frage der Zeit, bis der Konflikt mit der Sache, z.B. mit der eigentlichen geschäftlichen Beziehung, gar nichts mehr zu tun hat. Es ist ein eingespielter Wirkungskreislauf entstanden, in dem das Handeln des einen jeweils das Handeln des anderen bedingt. Die Beteiligten halten diesen Teufelskreis in Bewegung, ohne zu wissen, warum.

Dieser Mechanismus wurde von Paul Watzlawick sehr griffig als „mehr desselben“ bezeichnet: Man tut immer mehr von etwas, das das Problem nicht löst, denn es ist immer dasselbe, das auch bisher nicht geholfen hat. Und genau das veranlasst den anderen, auch wieder immer mehr desselben zu tun, was er bisher getan hat, ohne das Problem zu lösen[36].

Wenn nicht ein mehr oder weniger zufälliges Ereignis diesen Teufelskreis von außen unterbricht, dann eskaliert er weiter und führt im Extremfall zu Zuständen wie im Nahen Osten oder auf dem Balkan. Typisch sind auch Streitereien in der Nachbarschaft, die früher oder später vor Gericht landen und dort noch lange nicht enden.

Im Fall des „Telefonterrors“ war es in der Tat ein zufälliges Ereignis, das einem der Leidtragenden (alle Beteiligten sind Leidtragende) eine andere Sicht der Dinge eröffnete. Diese neue Sicht („Das hätte ich ihm gar nicht zugetraut“) veränderte seine Wirklichkeit und veranlasste ihn zu einem veränderten Handeln, das das Problem in kurzer Zeit löste.

Wenn also nun der Zufall nicht als Problemlöser zu Hilfe kommt, dann sind die Beteiligten darauf angewiesen, dass jemand gezielt eingreift. Die Aufgabe dieses Helfers besteht darin, den Teufelskreis zu durchbrechen, also „weniger desselben“ herbeizuführen. Er muss dafür sorgen, dass mindestens ein(e) Leidtragende(r) die Dinge aus einer anderen Sicht sieht, um die Wirklichkeit dieser Person zu verändern.

---

[36] Ein amüsantes Beispiel ist Loriots Geschichte vom Kosakenzipfel, wo das Problem fast in Rekordzeit eskaliert. Kurz beschreiben lässt sie sich hier nicht, aber das Stichwort sollte allen genügen, die die Geschichte kennen, um den Wirkungskreislauf plastisch vor Augen zu haben. Ein echtes Meisterwerk, denn es ist sehr gut nachempfunden.

In Unterhosen in den Kindergarten

Eine schöne Geschichte ist die, die der Erziehungswissenschaftler Peter Paulig auf einem Vortrag erzählte: Eine Mutter klagte, es gebe jeden Morgen Kämpfe mit ihrem Sohn, weil der am liebsten immer in völlig unmöglicher Kleidung in den Kindergarten gehen würde, z.B. in Unterhosen. Sie bekam den einfachen Rat: „Lassen Sie ihn ein einziges Mal mit Unterhosen in den Kindergarten gehen. Er wird es nie wieder tun." Warum? Das Kind verlässt sich unbewusst darauf, dass die Mutter schließlich für die angemessene Kleidung sorgt und kann sich deshalb nach Herzenslust dem Konflikt hingeben. Ist dies plötzlich nicht mehr der Fall, weil die Mutter „weniger desselben" tut, dann hat sich seine Wirklichkeit auf dramatische Weise verändert. Von diesem Augenblick an hat er vor Augen, dass ihn die anderen Kinder auslachen, dass er sich blamiert. Er wird in diesem Aufzug wahrscheinlich nicht einmal das Haus verlassen.

Den Durchbruch herbeiführen

Wer heilt, hat Recht
(Medizinerregel)

Der Teufelskreis, der das Problem am Leben hält, ist ein eingespielter Wirkungskreislauf. Die Aufgabe besteht darin, diesen Kreislauf zu durchbrechen. In vielen Fällen geschieht das einfach **IRGENDWIE**, d.h. es genügt irgendein Ereignis oder irgendeine Maßnahme, deren Wirkungsweise vielleicht auch nachträglich noch niemand erklären kann. Entscheidend ist das Abweichen vom eingespielten Muster.

Deshalb möge niemand Hemmungen haben, notfalls einfach irgendeine Maßnahme zu ergreifen. Sie muss nur irgendetwas in den Beteiligten verändern, das mit der Sache im Zusammenhang steht.

Die Wirksamkeit der Wirklichkeit nutzen
Häufig muss dieses Abweichen von einer der beteiligten Personen herbeigeführt werden. Dann vor allem muss man sich in die Person hineindenken, um ihr das Abweichen plausibel zu machen, denn sonst kann sie die Handlungsempfehlung nicht wirksam ausführen. Je plausibler die Maßnahme der Person (und ggf. auch dem Berater) ist, desto wahrscheinlicher wird der Erfolg. Hier besonders ist das Verständnis für die Wirklichkeiten der verschiedenen Persönlichkeitstypen hilfreich.

Jeder Fall liegt aber anders und deshalb kann es hier keine allgemein gültigen Anleitungen im Detail geben. Eine einfache und wirksame Methode ist jedenfalls folgende: Sobald man sich von der Sache ein Bild gemacht hat, kennt man auch die Beteiligten und kann sie vom Typ her einordnen. Dann liest man gezielt in den Kapiteln nach, die sich mit dem jeweiligen Typ beschäftigen. Oft stellen sich schon beim Lesen brauchbare Ideen ein. Sonst muss man eben gezielt weitersuchen uns –überlegen. Wenn man damit auch nicht weiterkommt, sucht man wieder das Gespräch. Wenn das nicht hilft, liest man wieder eine Runde etc. Früher oder später kommt man so sehr wahrscheinlich zu einer Lösung.

Einige Beispiele für gelungene Eingriffe, die auf diese Weise entstanden sind, werden im nächsten Kapitel beschrieben.

Das Nachlesen und Reden ist vor allem deshalb hilfreich, weil man bei seinen Überlegungen selbst leicht in einen Teufelskreis gerät, d.h. die Gedanken drehen sich immer wieder um dieselben Details und Aspekte. Und dann braucht man eben eine Durchbrechung von außen, um im wahrsten Sinn des Wortes auf andere Gedanken zu kommen.

Nicht jedes Problem ist (für jeden) lösbar
Es wird allerdings auch immer wieder Fälle geben, die man nicht gelöst bekommt. Das muss man sich dann eingestehen

und aufgeben. Dabei kann „Aufgeben“ allerdings bedeuten, die Aufgabe an jemand anderen zu übertragen. Denn auch jeder Vermittler ist und bleibt Gefangener seiner eigenen Wirklichkeit und kann sich deshalb selbst im Weg stehen. Das muss man sich einfach eingestehen. Wer das nicht über sich bringt, ist für diese Aufgabe nicht geeignet und sollte lieber die Finger davon lassen.

Weniger ist mehr
Die häufig empfohlenen „Krisengipfel“, bei denen man alle Beteiligten an einen großen Tisch holt und das Problem „vernünftig“ bespricht, sind sehr aufwändig und in diesen Fällen oft eher schädlich. Meistens genügt es, das Gespräch mit einer beteiligten Person zu führen, denn es muss meistens nur ein(e) Beteiligte(r) den Wirkungskreislauf durchbrechen. Diese Person riskiert keinen dauerhaften Nachteil, denn die Situation ändert sich ohnehin grundlegend, alle Beteiligten ändern mit der Durchbrechung ihr Verhalten.

Darüber reden
Das Gespräch mit einer beteiligten Person sollte möglichst nicht in der gewohnten Umgebung geführt werden, also nicht da, wo das Problem üblicherweise auftaucht. Auch sollte die Person nicht befürchten müssen, dass plötzlich ein(e) andere(r) Beteiligte(r) in der Tür steht. Auch sonstige Störungen sollten vermieden werden. Sitzen über Eck ist von Vorteil.

Reden lassen ist Gold
Gemäß der Regel „Verwende das, was dir der Patient selbst bringt“ ist Zuhören das wichtigste. In seiner Schilderung beschreibt der Gesprächspartner das Problem so, wie er es erlebt. Das wird umso aussagekräftiger, je weniger man ihn unterbricht. Fragen sollten immer möglichst offen formuliert werden, damit er sie so versteht, wie es in seine Wirklichkeit passt. Nicht zu viele Notizen machen, auch das kann beeinflussen! Die Aussagen darf man nicht kommentieren oder gar

werten. Nur um den anderen nicht zu irritieren, sollte man ab und zu ein „ja ich verstehe“ o.ä. einstreuen.

Die Zeit hilft mit
Die Lösung muss nicht sofort im Gespräch gefunden werden. Es kann den anderen sogar irritieren, wenn man ihm zu seinem schweren Problem auf der Stelle eine Lösung präsentiert. Ablehnung könnte die Folge sein. Es ist also oft besser, erst ein paar Tage vergehen lassen. Dies hat noch einen weiteren Vorteil: In diesem Gespräch hat der Leidtragende sein Problem wahrscheinlich zum ersten Mal wirklich definiert, auch sich selbst gegenüber und hat vielleicht schon dadurch seine Wirklichkeit selbst so weit verändert, dass er unter Umständen gar keine Hilfe mehr braucht.[37]

Nicht unaufgefordert tätig werden!
Bevor man sich aber überhaupt an eine Vermittlung wagt, muss man sicherstellen, dass die Leidtragenden auch an einer Vermittlung interessiert sind. Sind sie es nicht, ist man in der Regel nicht nur zum Scheitern verurteilt, sondern man kann sich sogar noch den Zorn der Beteiligten zuziehen! Man kann Hilfe anbieten, aber dann muss man abwarten, bis man gebeten wird!

Und trotzdem
Viel wichtiger als jede Problemlösung ist ein einfühlsamer Umgang mit unseren Mitmenschen. Je besser wir ihre Wirklichkeiten verstehen, desto mehr erreichen wir mit ihnen gemeinsam. So lassen sich die allermeisten Probleme von vorn herein vermeiden.

---

[37] Die Art der Hilfestellung bringt es mit sich, dass die Leidtragenden hinterher oft glauben, sie hätten das Problem allein gelöst oder es hätte sich zufällig gerade in Wohlgefallen aufgelöst. Wer auf Dankbarkeit oder Honorar Wert legt, muss deshalb vorsorgen.

Beispiele für Lösungen von Problemen, die jeder kennt

Der Mensch ist des Menschen Wolf
(lateinisches Sprichwort)
Der Mensch ist des Menschen Medizin
afrikanisches Sprichwort)

Manager muss Entscheidung zurücknehmen
Ein mir persönlich bekannter Betriebsrat hatte Magenschmerzen wegen eines Problems. Es ging um eine von der Firmenleitung beschlossene Maßnahme, die in der täglichen Arbeit zu Koordinationsproblemen und Fehlern führte. Die Mitarbeiter hatten deswegen ziemlichen Stress.

Ein Mitglied des Managements, das diese Entscheidung mitgetragen hatte, wollte der Betriebsrat dazu bewegen, die Entscheidung rückgängig zu machen. In der Vergangenheit war er bei ähnlichen Vorstößen immer wieder gescheitert.

Nachdem es sich um einen Manager handelte, war eigentlich klar, dass er ein Kämpfertyp sein musste. Ich schlug meinem Freund deshalb folgendes vor: Er sollte das Gespräch eröffnen mit den Worten: „Wir haben da ein Problem, das uns bald in ernste Schwierigkeiten bringen kann. Die anderen lachen schon über uns!“ Die exakten Worte wählte er natürlich dann spontan selbst, aber dies war die Botschaft, die beim anderen ankommen sollte.

Er argumentierte also rein auf der Sachebene. Er sagte nichts von den Problemen, die seine Kolleginnen und Kollegen wegen der Sache hatten. So wichtig ihm die Kollegen auch waren, er erwähnte von ihnen an dieser Stelle nichts, denn damit hätte er die Gedanken des Managers womöglich in eine Richtung gelenkt, die seiner Sache nicht förderlich gewesen wäre. Die Äußerung, dass andere schon lachten, war für den Manager eine ernste Drohung, denn Kämpfertypen fürchten sich sehr vor Mächten oder Einflüssen, gegen die sie nichts tun können[38]. Und natürlich sind sie immer sehr darauf bedacht, persönlich gut dazustehen.

Gleichzeitig griff der Betriebsrat mit den gewählten Formulierungen den anderen in keiner Weise persönlich an oder weckte in ihm den Eindruck, dass er ihm die Schuld für die Situation geben wollte. Damit hätte er ihn in Kampflaune gebracht und die dann folgende Auseinandersetzung mit Sicherheit verloren.

Der Manager ließ sich dann die Sache in knappen Worten erklären und nach einer Minute sagte er zu, er werde sich darum kümmern. Danach tat er etwas, das er in den vielen Jahren zuvor noch nie getan hatte: Er lud den Betriebsrat auf eine Tasse Kaffee ein und unterhielt sich eine Weile mit ihm.

Ein schönes Beispiel dafür, wie eine Sachangelegenheit zum Problem wird, ohne dass es sein müsste. Das eigentliche Problem bestand schließlich nicht in der Sache, sondern „nur" darin, dass der Betriebsrat nicht wusste, wie er sie einem Kämpfer richtig vermittelt.

Die unerfüllbare Forderung

Im Rahmen einer Firmenübernahme kam es zu einer komplizierten (rechtlich nicht zu beanstandenden) Situation, in der ein Kunde eine unerfüllbare Forderung stellte. Er wollte eine Gesamtrechnung über Leistungen, die die Firma vor der Übernahme erbracht hatte und Leistungen, die von der neuen Firma erbracht worden waren. Diesem Wunsch konnte man natürlich nicht nachkommen, aber aus Gründen, die auch mir nicht bekannt sind, konnte man dem Kunden auch nicht ehrlich sagen, warum. Meine Aufgabe als Berater war, eine Lösung zu finden, durch die keinem der Beteiligten ein Nach-

---

[38] Erstaunlich viele Kämpferpersönlichkeiten konsultieren deshalb regelmäßig Wahrsager oder Astrologen.

teil entstand. Eine Eskalation des Problems hätte die Firma in große Schwierigkeiten gebracht.

Am schwierigsten war dabei, den Persönlichkeitstyp des Kunden zu bestimmen. Die einzige Informationsquelle war seine Homepage. Sie enthielt z.B. ein Portrait des Kunden, auf dem man Gesichtsausdruck, Frisur und einen Teil der Kleidung sehen konnte. Der Gesichtsausdruck war entspannt und freundlich, er passte zu dem ebenfalls freundlichen Sprachstil auf dieser Homepage. Dies waren deutliche Hinweise auf eine Persönlichkeit von der oberen Hälfte. Die Frisur war etwas außer Form, also ein Friseurbesuch überfällig. Die Kleidung war unformell (keine Krawatte, oberste Hemdknöpfe offen). In kürzester Zeit fand ich ca. zehn Rechtschreibfehler. All dies waren Hinweise, dass Herr G. kein sachbezogener Typ der unteren Hälfte sein konnte und wiesen damit ebenfalls „nach oben".

War Herr G. also ein Ruhiger oder ein Offener? Das unauffällige Erscheinungsbild vom Portrait und eher zurückhaltende Formulierungen auf der Homepage deuteten nach links, in die ruhige Ecke. Eine Nachfrage bei der Mitarbeiterin, die das Problem zu bearbeiten hatte, ergab, dass es sich wohl wirklich um einen vorsichtigen Menschen von der linken Seite handeln musste.

Es war wohl folgendes geschehen: Man hatte Herrn G. diese Rechnungen geschickt, ohne vorher mit ihm darüber zu reden. Und vielleicht hatte er sich vorher schon über andere Dinge geärgert. Die Vermutung liegt nahe, dass er deshalb ein wenig beleidigt war, sich nicht ernst genommen fühlte und sich jetzt mit einem Sachzwang Genugtuung verschaffen wollte.

Ich schlug deshalb der Mitarbeiterin vor, das Problem auf der Beziehungsebene zu lösen. Sie sollte den Kunden anrufen und ihm klar machen, dass sie seinen Wunsch gut verstehen kann und ihn auch gern erfüllen würde. Nur leider sei ihr das in der gegebenen Situation schwer möglich, sie würde persönlich dadurch in Schwierigkeiten geraten. Sie wolle deshalb noch einmal bei ihm nachfragen, ob er sich nicht vielleicht doch mit zwei verschiedenen Rechnungen anfreunden könne. Sie würde ihm garantieren, dass ihm dadurch kein irgendwie gearteter Nachteil entsteht.

Diese Ausführungen dauerten am Telefon vielleicht zwei Minuten, Herr G. stimmte der Sache zu mit den Worten: „Das will ich natürlich nicht, dass Sie da in Schwierigkeiten geraten. Die Sache ist in Ordnung!“

Auch hier wie beim „Telefonterror“ war das Hauptproblem, dass der Kunde Zweifel bekam, ob der andere ihn ernst nimmt, ob er vielleicht den falschen Leuten vertraut hat. Mit der Botschaft „kann ich gut verstehen und ich würde das auch gern für Sie tun“ zeigte die Mitarbeiterin Respekt für seine Gefühle, das wirkte beruhigend auf den Kunden. Und als Beziehungsmensch wollte er auf keinen Fall die Mitarbeiterin, die ja gut für ihn gearbeitet hatte, in irgendwelche Schwierigkeiten bringen.

Lampenfieber

Die Aerobic-Trainerin eines Sportvereins (eine emotionale Persönlichkeit der oberen Hälfte) litt derart unter Lampenfieber, dass sie daran dachte, den Job aufzugeben. Bereits Tage vor der nächsten Stunde wurde sie nervös, schlief kaum und konnte an nichts anderes mehr denken. Dabei waren die Stunden, die sie hielt, nicht zu beanstanden, d.h. das Problem bestand in der Angst vor dem Versagen und besonders in der Bekämpfung dieser Angst.

Da die Trainerin selbst an der Qualität ihrer Arbeit zweifelte, nahm ich mit ihrem Einverständnis eine Stunde auf Video auf und besprach sie anschließend mit ihr. Beim Ansehen der

Aufnahme merkt sie, dass man ihr die innere Unruhe nicht ansieht. Sie erfuhr also, dass es wahrscheinlich den meisten ähnlich geht, dass Nervosität normal ist.

Mindestens einmal ließ sich auf dem Video klar erkennen, dass sie die kleinen Finger abspreizte. Dieses Signal deutete ich ihr als „ich tue es für euch und möchte, dass es euch gefällt". Dem stimmte sie zu. Unausgesprochen blieb, dass sie damit zustimmte, dass auch Eitelkeit mit im Spiel sein konnte.

Daraufhin erklärte ich ihr, dass es ihr wichtig sei, gut zu sein. Da sei es dann ganz normal, dass sie das nicht kalt lässt. Somit wurde ihr ihre Nervosität als Symptom einer positiven Eigenschaft gedeutet, gegen die sie nichts zu tun braucht.

Abschließend wies ich sie noch darauf hin, dass es eine perfekte, fehlerfreie Stunde überhaupt nicht geben kann und dass jeder, der unzufrieden sein will, auch unzufrieden ist. Deshalb sei es wichtiger, dass die Leute sie mögen. Dann sind sie sowieso zufrieden und dann macht es auch ihr viel mehr Spaß. Nachfragen wenige Wochen später ergaben, dass sie nicht mehr unter Lampenfieber leidet und wieder Freude an ihrer Arbeit hat. Das Problem hatte sich buchstäblich in Wohlgefallen aufgelöst.

Der verspielte Programmierer

Der kämpferische Leiter eines Software-Entwicklungsprojekts schimpfte in einer Krisensitzung über einen seiner Mitarbeiter (offener Typ): „Wenn der seinen Spieltrieb nicht bald unter Kontrolle bekommt, dann fliegt er". Ein Teilnehmer riet ihm, er solle dem Programmierer doch eine Aufgabe geben, die eben diesen Spieltrieb erfordere. Eine solche Aufgabe gab es, sie war sogar für den Erfolg des Projekts von besonderer Wichtigkeit: Ein Sonderprogramm wurde benötigt, das es einem völligen Laien ermöglichte, das System als Simulation zu bedienen. Eine Art Bluff also, allerdings moralisch einwandfrei, denn es wurde damit niemand betrogen oder hinters Licht geführt. Der Programmierer stürzte sich mit Begeisterung auf die Aufgabe und erledigte sie in Rekordzeit mit einem Ergebnis, das die Erwartungen weit übertraf. Projektleiter, Programmierer und Auftraggeber waren zufrieden.

Der österreichische Briefbomber

Vor einigen Jahren hielt ein Österreicher monatelang die Öffentlichkeit mit seinen Briefbomben in Atem. Das prominenteste Opfer war der damalige Oberbürgermeister von Wien, Helmut Zilk.

Der Täter war offensichtlich sehr intelligent und machte keine Fehler. Die Polizei fand keinen Anhaltspunkt, keine verwertbare Spur. Deshalb wurde ein Polizeipsychologe eingeschaltet, der den Täter analysieren und aus der Reserve locken sollte. Dieser Psychologe stellte u.a. folgendes fest:

- die Zünder einer nicht explodierten Bombe waren mit viel Sorgfalt hergestellt und extrem akkurat aufgebaut, z.B. die Batterien millimetergenau ausgerichtet
- die Briefe, die der Täter geschrieben hatte, waren viele Seiten lang, im Blocksatz ausgerichtet und ohne einen einzigen Rechtschreibfehler
- der Täter kannte sich auf verschiedenen Wissensgebieten außergewöhnlich gut aus, z.B. in Naturwissenschaften und Geschichte.

Diese Informationen wiesen auf einen Gründlichen hin, in der Sprache des Psychologen einen zwanghaften Typ, das geht wohl in die gleiche Richtung[39]. Beiden ist jedenfalls gemein, dass sie keinen Druck vertragen. Der Psychologe ließ deshalb

[39] Der wesentliche Unterschied ist, dass man es bei Zwanghaften mit psychisch Kranken zu tun hat, während Gründliche natürlich psychisch gesund sind. Und wenn ein Gründlicher psychisch erkrankt, dann hat das natürlich nichts mit seinem Persönlichkeitstyp zu tun.

einen Polizeisprecher öffentlich erklären, man habe den Täter mittlerweile auf Grund der vorliegenden Informationen so genau analysiert, dass in ganz Österreich nur zehn Personen als Täter in Frage kämen. Alle diese Personen würden bereits observiert. Diese Meldung versetzte den Bomber so in Panik, dass er sich binnen weniger Tage durch panisches, unbedachtes Handeln selbst verriet.

Das Problem wird also einfach dadurch gelöst, dass man dem Problemverursacher in seiner eigenen Wirklichkeit begegnet. Dies gelingt, indem man ihm eine Geschichte auftischt, die in seine Wirklichkeit passt. In diesem Fall behauptet die Polizei, man habe den Täter genauestens analysiert, was ja genau die Art des Gründlichen ist, Probleme anzugehen. Damit war es sehr wahrscheinlich, dass er das glaubt. Der Druck, der dadurch in ihm entstand, tat dann den Rest.

Auch dieses Problem wurde einzig durch Benutzung der Wirklichkeit des Briefbombers gelöst. Die Wahrheit hatte sich nicht im geringsten verändert! Der einzige wesentliche Unterschied zu den anderen Problemlösungen in diesem Buch ist der, dass hier die Wirklichkeit durch eine Lüge beeinflusst wird. Zur Überführung eines Kriminellen ist das natürlich in Ordnung. Ansonsten gilt ausnahmslos die Regel, dass die neuen Wirklichkeiten auch wahr sein müssen, denn man will die Problembeteiligten ja nicht aus dem Verkehr ziehen, sondern wieder zusammenführen!

Die „Irgendwie- Durchbrechungen“

Je plausibler Durchbrechungen den Beteiligten gemacht werden können, desto wahrscheinlicher führen sie zum Erfolg.

Im Folgenden wollen wir nun an drei Beispielen belegen, dass es oft auch wirklich einfach irgendwie funktioniert, wie weiter vorne behauptet. Das verlässt genau genommen den Rahmen dieses Buches, aber wer sich für Problemlösungen interessiert, wird es trotzdem gern wissen wollen. Und es soll alle dazu ermuntern, auch einmal irgendwas zu tun, wenn man nicht recht weiter weiß, statt den Dingen ihren (fatalen) Lauf zu lassen. Und diese Fälle sind Belege für die Behauptung, dass sich der Erfolg dadurch einstellt, dass mindestens ein(e) Beteiligte(r) weniger desselben tut.

Beispiel 1

Der Leiter einer ziemlich jungen Arbeitsgruppe eines mittelständischen Betriebs ging den Mitarbeitern auf die Nerven, weil er sich – nach Sicht seiner Leute - ständig überall einmischte. Er wollte über alles Bescheid wissen und alles genau vorschreiben. Die Sache war so weit eskaliert, dass es bereits die ersten unerfreulichen Maßnahmen seitens der Geschäftsleitung deswegen gegeben hatte.

Es bestand das Risiko einer weiteren Eskalation, vor allem war mit weiteren „Abwehrmaßnahmen" der Gruppe zu rechnen, denn diese jungen Leute wollten endlich zeigen, was in ihnen steckte. Dies wurde vom Gruppenleiter durch sein Verhalten unabsichtlich verhindert. Unter dem Konflikt litten nicht zuletzt auch die Arbeitsergebnisse.

Mit dem Betriebsrat arbeitete ich einen detaillierten Plan aus, um den Gruppenleiter zu „weniger desselben" zu veranlassen. Beide waren wir der Meinung, dies müsse perfekt funktionieren.

Dann geschah etwas, womit wir nicht rechnen konnten: Der Gruppenleiter wurde krank und fiel längere Zeit aus. Ab diesem Zeitpunkt funktionierte die Arbeit im Team hervorragend. Die üblichen Beurteilungs-Kennzahlen (Fehlerraten etc.) zeigten Bestwerte. Also führte in diesem Fall der Zufall die Veränderung herbei, die weniger desselben bewirkte.

Es bleibt Spekulation, ob die Krankheit vielleicht direkt oder indirekt durch den Stress verursacht wurde, unter dem der Gruppenleiter wegen dieses Konflikts zweifelsohne litt. Gut vorstellbar wäre es allemal.

Beispiel 2
Meine Frau und ich machten uns gewisse Sorgen, weil unsere beiden Töchter recht unselbstständig und passiv waren. Dies änderte sich quasi über Nacht, als meine Frau wieder in Teilzeit ihrem Beruf nachging. Die veränderte Situation veränderte das Verhalten aller Beteiligten und damit eben auch das, was meine Frau und ich unbewusst zum Problem beigetragen hatten.

Beispiel 3
Der Lehrer einer Klasse mit Problemschülern hat plötzlich Frieden im Klassenzimmer, als er zum Unterricht einen Hund mitbringt. Das Tier freundet sich mit allen an und plötzlich fliegen keine Möbelstücke mehr durch den Raum, weil sie den Hund verletzen könnten. Dieses Beispiel hat im wahrsten Sinn des Wortes Schule gemacht. Mittlerweile gibt es im deutschsprachigen Raum etwa 30 „Schulhunde“, Tendenz steigend.

Zusammenfassung
Den Menschen selbst können wir nicht ändern. Wohl aber haben wir Einfluss darauf, was unsere Mitmenschen wie wahrnehmen, und können damit auch ihr Fühlen, Denken und Handeln beeinflussen. Hier liegen großartige Möglichkeiten für Menschen, die Menschen mögen.

Nachwort

Das wenige, das du tun kannst, ist viel
(Albert Schweitzer)

Nichts in unserem Leben ist auch nur annähernd so wichtig und so wertvoll wie unsere Mitmenschen. Je näher sie uns stehen, desto klarer ist uns das. Aber auch die, die wir nie kennen lernen, verdienen unseren Respekt, unser Mitgefühl und unsere Fairness.

Seien es die, die wie wir Steuern zahlen müssen und sich darauf verlassen, dass wir uns nicht zu ihrem Nachteil davor drücken. Seien es die, die in fernen Ländern Not leiden und ohne fremde Hilfe keinen Ausweg finden. Oder die vielen anderen, denen wir helfen können, ohne sie zu kennen. Dass nicht alle mitmachen, darf uns nicht davon abhalten, das unsere zu tun.

So möchte ich an dieser Stelle die Gelegenheit für eine Bitte nutzen: Wer meint, dass ihm dieses Buch gut getan hat, der könnte auch etwas Gutes tun und der Nepalhilfe Beilngries eine Spende zukommen lassen. Die Nepalhilfe wurde von vier Polizisten ins Leben gerufen. Daraus entstand eine Initiative, die mit einem enormen persönlichen Engagement und großem Erfolg Hilfe zur Selbsthilfe für eines der ärmsten Länder dieser Welt organisiert. Schon mit einer Spende von zehn oder 20 € kann die Nepalhilfe viel Gutes tun.

Kontakt:

Nepalhilfe Beilngries
Mittelmühlweg 30
92339 Beilngries
Internet: www.nepalhilfe.org
Spendenkonto: 722707 Volksbank Beilngries
BLZ 721 913 00, Stichwort „Buch für Menschen“

Auch das Ehrenamt leidet Not im reichen Deutschland. Es ist nicht unser Aufgabe, darüber zu klagen, sondern etwas zu tun. Dass die politischen Parteien so schlecht angesehen sind, liegt auch daran, dass sich die Menschen von ihnen abwenden. Wer mitmacht bei der ehrenamtlichen Arbeit, kann etwas erreichen. Denn indem er diesen Teufelskreis aus Abkehr und Ablehnung durchbricht, verändert er die Wirklichkeiten seiner Mitmenschen und verändert damit die Verhältnisse. Er macht das Leben für sich und andere lebenswert, er sorgt für den Zusammenhalt unserer Gemeinschaft.

Liebe Leserin, lieber Leser, ich wünsche dir und deinen Lieben Gesundheit, Frieden und ein langes Leben. Und dass dir deine Mitmenschen immer mit Sympathie und Vertrauen begegnen können, weil du menschlich, klug und einfühlsam mit ihnen umgehst.